촛불

촛불

김귀례 시집

문학들

시인의 말

만나는 이에게
늘 작은 햇살이고 싶었고
한 송이 들꽃이고 싶었다.
속살을 드러내는 첫시집을 펴내며 돌아보니
부끄러울 뿐이다.
시 쓰기에 치열하지 못했던 아쉬움은 접고,
이제는 가랑비에 옷 젖듯
시가 그렇게 나를 적시게 하고 싶다.
마음 안에 새도 키우고 오렌지나무도 기르며
앤서니 브라운의 고릴라도 상상하면서
시의 신생아로 태어나
다시 햇살을 받고 성장하며 햇살을 나누고 싶다.
삶의 가장 오랜 시간 선생이라는 내 삶의 터전에서
나와 희로애락을 함께한 101가지 빛깔의 우리 아이들,
내적으로 가장 오랜 시간 내면의 실타래를
함께 감고 풀며 직조를 해나간
빛부리 시동인의 문우들,
늘 빛부리의 이정표가 되어주시는 곽재구 시인
그리고 43년을 홀로 살아오신 어머니와 가족들께
깊은 감사와 사랑의 말을 전한다.

김귀례

차례

5 시인의 말

제1부

13 다람쥐
14 물
16 지우개
17 숯비누
18 자리에 누우면
20 장작더미 앞에서
22 몽당연필
24 사랑은
26 잡목
28 성냥
30 참외
32 취
33 우표
36 소리꾼 이중선
38 추사 적거지에서
41 무
42 미황사에서

제2부

47	촛불
48	시
50	고구마
52	시계
55	쑥뜸
56	감사공소
58	야래화
60	방아깨비
62	꽃무릇
63	향낭과 숯
64	장롱
66	지렁이
69	참새보살
70	조약돌의 가을
72	촛불2
73	칼의 노래
76	엽서 한 장
78	은행나무

제3부

83 국화
84 눈높이 수업
86 세종대왕님 안녕하세요
88 교실엔 꽃병이 없다
91 상수의 소원
94 최동주
96 낙엽
98 쇠비름 사랑
100 진달래꽃
102 난분
104 지네
106 그 애
108 그리움
110 어묵
112 가을 소리
114 전근
116 스팸문자 취급하지 말아주세요

제4부

- 121 노오란 스웨터
- 122 연가
- 123 이정표
- 124 엄마
- 126 어머니1
- 128 어머니2
- 130 어머니3
- 132 마늘
- 134 실과 바늘의 공소장
- 136 이장
- 138 작은큰어머니
- 140 딸에게
- 142 가을산
- 144 이끼
- 146 석류
- 148 엄마의 백일장
- 150 순천만에서

- 156 **발문** 삶과 사랑에 대한 생애적 진술 – 곽재구

제1부

다람쥐

산길 오르다 보면
나무를 타는 다람쥐 한 마리
발걸음 즐겁게 멈추게 하네

나 생의 숲속에서 나무를 탈 때
나를 스쳐간 인연들에게
한 줄기 시원한 바람이라도 되었을까

숲속 가로질러 숨어버린
다람쥐 찾으며 여기다 저기다
즐겁게 손짓할 때처럼
나를 만났던 사람들에게
작은 이정표라도 되었을까

서걱이는 갈대
외로운 이에겐
그 울음소리도 위안이 되듯
절벽 앞에 선 이에게
시 한 줄이라도 되어 주었을까

물

세상의
모든 목숨을 살리면서도
아래로만 흐르면서
고운 빛깔과 향기조차 마다하다니
하이얀 색마저도 놓아버리고
그저 투명인 채로

모양 고집하지 않은 채
흐르는 마음에 따라
동해가 되었다가
섬진강이 되었다가
불일폭포도 되었다가
벼루 위의 먹물도 되었다가
이온수들의 밥도 되었다가
때론 역류하는 것들의 손가락질도 받다가
그리운 마음속 빗방울도 되었다가
설악산 단풍잎의 붉은 피도 되었다가
오늘밤처럼

시인의 동무도 되었다가
끝내는 출렁거림 없이
소리조차 놓아버리네

지우개

몸 파는 여인처럼 더러워져야
네 몸 가는 곳 깨끗해진다

발 동동 구르며 손 내미는 곳에
네 몸 자꾸 빌려주어야
불안한 세상 줄일 수 있다

약한 네 몸 때론 논개처럼
죽음 각오하고 멀리 던져져야
네 빛 고루 비출 수 있다

작은 네 몸 결국은 쪼개져야
네 몸 필요 없는 세상 만들 수 있다

숯비누

뿌리 뽑혀 잘린 채 불가마에 던져져 죽음인 줄 알았더니 살과 피 모두 버리고 뼈만 남은 앙상한 숯으로 태어나 죽어서도 사는 법을 배웠구나

다시 스스로를 죽이는구나 네 낳아준 어미와 고향인 참나무 이제 찾아갈 수 없고 네 쭉쭉 곧은 본모습 찾을 수 없이 네 몸 검은 가루가 되어 그 모습 사라졌어도 검은 몸으로 검은 것을 씻어내는 이열치열의 비법을 익혔구나

이제 너 천연의 심성 고운 것들과 함께 모여 일가를 이루는 법을 터득했구나 숯이 되고 숯가루가 되면서 너를 죽여 또 다른 너를 이루었으니 이제 참나무에 곁낫걸이 하지 않고도 홀로 살아갈 수 있게 되었구나 쭉쭉 뻗어 부러움을 샀던 네 몸 이제 손바닥보다 작고 검은 숯비누로 태어나 고개 숙인 사람들에게 꿈이 되어 주었구나

자리에 누우면

불을 끄고 자리에 누우면
창호지 문살에 수묵화 한 폭 잔잔히 조울고
베개 방향 바꾸면
물구나무 선 세상이 거기 있구나

어제는
회초리 바람 한 묶음 데려와
매서운 대숲 바람 일으키더니

오늘은
작은방 가득
정월 보름달 환하게 들여놓고
욕심으로 벌레 먹어
굴뚝속 된 가슴에
쥐불을 놓는구나

내일에는
붉은 진달래 피워올릴

촉촉한 봄비 데불고
심술궂은 먹장구름이라도 달래어
별 함께 오게나

장작더미 앞에서

 어린 시절부터 풍상 하나하나 내려놓는 법을 터득하였다 하반신 조각상처럼 밑동만 살아 나이테 넓은 쪽이 남쪽이라며 길 잃은 이에게는 이정표였다

 터전 옮겨와 목포 닭요리집 마당에 담장 높이쯤 곱게 땋아내린 댕기머리처럼 가지런히 함께 몸 포갰다 한 생 위에 다른 생 없고 그 위에 또 다른 생 없고서도 삶의 무게 버겁지 않게 마지막을 준비하고 있는 반쯤 열반한 생이다 잎도 가지도 뿌리도 열매도 버리고 밑동만 가지런한 죽음 직전의 정갈한 고요가 또 한 생의 아름다움이다

 화양연화 같았던 그대들에게도 쌍둥이 나이테와 하트모양 꽃모양 사각틀모양의 나이테에서 평생 다른 이들의 비바람과 땡볕을 막아주며 신열을 달고 살았던 제각각 생의 골짜기를 엿본다

 오늘 마당 귀퉁이 장작더미 아래 마지막 물을 먹고 있는 저 닭의 살신성인과 그대 소신공양의 삶 두 생의 죽음을 마주하며 아직도 북쪽을 향해 가고 싶은 관성을 얼마나 떨쳐낼 수 있을지 온전히 며칠이라도 남쪽으로

살아갈 수 있을지 장작더미 앞에서 생의 나이테를 생각
한다

몽당연필

내 생각의 높이가 커질 때
너의 키는 작아지고
내 마음의 키가 자랄 때
너의 키는 줄어들고
내 마음 무성하고 푸르러질수록
너의 얼굴빛은 누래진다

너의 몸 더 이상 작아질 수 없어
가방 구석에 잊혀져 뒹굴고
교실 바닥에 굴러다니다
쓰레기통에 던져지는 네 장례 절차
문상객 없이 풍장처럼 쓸쓸해도
너 태어난 자리로 돌아가는 길
화려한 포장지에 싸인 채
자리만 지키다 맞이하는 죽음보다
덜 쓸쓸하리

흑연 속에서 고열 견디어 낸

네 곧은 심지와
부러지되 굽히지 않는 네 정신
우리의 가슴에서 죽지 않고 살아
너 행복하리

사랑은

 머리 꼿꼿이 세우지 않고 힘든 어깨 비스듬히 기대는 것
 차디찬 물음표 대신 따뜻한 느낌표 하나씩 쌓아가는 것
 그대 위해 까치밥으로 남을 줄 아는 것
 마음 추운 그대 위해 따뜻한 구들장이 되어주는 것
 그대의 마음가에 쑥부쟁이로 피어나 마음 고프지 않게 하는 것
 맨 처음의 설레임을 맨 나중에까지 간직하는 것
 이른 아침 그대의 화병에 수선화 한 송이 꽃을 줄 아는 것
 곁눈질 대신 말줄임표처럼 눈감아 줄줄 아는 것
 쓸쓸한 오솔길 맨 나중까지 함께 갈 수 있는 것
 맨 먼저 기도해주고 맨 나중까지 기도해주는 것
 그대의 마음밭에 자운영으로 피어나는 것
 안개꽃처럼 항상 그대의 배경이 되어주는 것
 그대의 창가에 나팔꽃으로 피어나는 것
 막차처럼 그대의 기다림이 되고 위안이 되는 것

그대 빛나던 초록의 춤사위 가랑잎으로 내려앉아도
가을산의 바닥처럼 넉넉히 품어 안는 것

잡목

붉게 옷 갈아 입었구나
햇볕 가린 주범이라고
바람 막는 장벽이라고
물 한 방울 주지 않았는데
말 한 마디 건네지 않았는데
칠흑의 밤보다 무서운 무관심 속에
무인도처럼 외로워
각혈하듯 쓰러질 줄 알았는데
절름발이처럼 한쪽 기울어졌어도
태어난 곳 어딘지 몰라도
서 있는 자리 지켜내고 있구나
원룸 베란다 옆 작은 화단에
기둥처럼 서 있는 단풍나무 잎새마저
갈증으로 아파하는데
두려움 떨쳐냈구나
스스로 예언하며 그윽해지고 있구나
향기 좀 부족하면 어떠랴
태어난 곳 아니면 어떠랴

이름 불러주지 않으면 어떠랴
스스로 아름다움이 되고 있는 것을

성냥

그분 나 속속들이 아시지만 말씀이 없으실 때
그분 앞에 무릎 꿇고 감사하며 용서를 청하고 싶을 때
겨울의 입구에서 일찍 떠난 영혼들 만나고 싶을 때
다리가 되어주는 한 개비 성냥

한겨울 아궁이에 불을 지펴 마음 추운 영혼들
어머니의 품처럼 따뜻한 구들로 덥혀주었던
곰방대에 무수히 불을 당겨
마음 퍼런 가난한 가장의 눈물을 위로하던
동학년 곰나루 전봉준의 횃불에도
칼 같은 함성의 불을 밝혀주던
한 개비 성냥

언제라도 나란히 두 개의 촛불 밝혀
따뜻한 가슴으로 서로를 위로하게 하는
백양나무와 미루나무 끝에서 시작하여
세상의 무수한 불쏘시개에 불을 놓아
찬란한 불춤을 추게 하던

오늘밤 한강 다리의 야경이 된
가슴엔 불을 가득 품고서도 불을 지필 수 없어

이제는 문갑 서랍 속으로 밀려난 성냥
인류의 어머니
불

참외

누군가 참외 한 조각 먹고
동편 화단에 뱉어버린
씨앗 한 알

제 텃밭에 뿌리내리지 못한
해외 입양아처럼
물 한 모금 주는 이 없었어도
귀머거리 같은 나날이었어도
가르쳐 주지 않은 모국어 익히려
입술 부르트도록 힘겨워하며
땅심을 키우려고 눈물 삼키던 시간들
아이들 손에 멱살 잡혀
뿌리 뽑히지 않기를 바라며
남몰래 소중히 키워온 몸뚱이 하나
여름 방학 아이들 없는 허전한 운동장
남기고 간 메아리로 가슴 채우며
가을 축제 준비하는 국화 곁에서
별 같은 소망 하나

노랗게 땅바닥에
당당히 매달았구나

취

야산에 안기어 넉넉하게 키운
제 잎 마음대로 가져가세요
허기지면 연한 잎에 된장 얹어 쌈하세요

뿌리까지 뽑아 가세요
뿌리까지 뽑혀 안타깝거든
당신의 뿌리 하나 뽑아
삶의 뿌리 전신주처럼 뽑혀
안타까운 이에게 전해 주세요

우표

소유를 벗어버린 겨울나무처럼
담담히 몸을 눕힐 수 있다
쓰레기통 속에도

언제든 한 번은 지는 법
찢겨지고 버려져도
혼자 살아갈 수 없는
화려한 크리스마스씰보다
덜 쓸쓸하지 않느냐

삭은 나뭇가지 바람에 부러지듯
때 이른 어둠의 소식 전할 때
양수처럼 새로운 생명
순산시킬 수만 있다면
달려가 차라리 물이 되고 싶었다

수취인 불명
반송함에 갇힌 영어의 세월만큼

좀 더 살 수 있었지만
오래 살아있다는 것이 기쁨이 아니었다
허름한 이름의 이웃들
짐짝처럼 실려 달동네로
하늘을 지붕 삼는 노숙자로 전전할 때
문패 하나 번듯이 달아주고 싶었다
푸근한 솜이불 한 채이고 싶었다

101호 501호 수인번호 달고
새떼처럼 날아오르고픈 소망으로
철창의 우편함 나오는 순간
오갈 데 없는 노인처럼
분리수거함으로 던져져도
슬프지 않았다 그래 가끔은
친구들 낡은 앨범 속에
빛바랜 모습이지만
영원히 살아있지 않느냐

문패 기웃거리던 나
맨발로 뛰어나와
가슴에 안아주던
내 유년의 추억이 있지 않느냐

소리꾼 이중선

양지녘 도래솔에 둘러싸인 잘 가꾸어진
봉분은 당신이 원하지 않았습니다
죽어서야 단 한 번
얼굴도 없이 클로즈업 된 당신
꽃상여에 처음으로 꼭두서니빛 매달고
당신을 기리는 소리꾼들 모여
한판 소리장으로 떠나보내던 그날처럼
비바람 오락가락합니다
살아서 척박한 땅 골라 디뎠던 당신
짓밟힌 민초들의 역사 속에 숨 쉬고 싶어
죽어서도 잡풀 우거진 황토밭 택했습니다
바짓가랑이에 황톳물 묻히고 당신 앞에 서니
문득 무디어진 마음의 쟁기날 팔월에도
다시 갈고 닦아야 한다는
당신의 애절한 소리와 너름새
진양조로 낮게낮게 흐릅니다
바람 불고 눈보라치던 날엔
눈보라에 갇혀

꽃피고 새우는 날엔
꼭두서니의 빛에 가려 살았던 당신
오늘도 바람치는 가설무대의
광대로 서서
중모리 자진모리 가락으로 이 땅을 지키고
도라지꽃 당신 곁을 떠나지 못합니다

추사 적거지에서

역사의 거센 물살에 매맞고 부딪쳐
눈보라 매섭던 당신의 삶이
숱한 해일에 몸살 앓은 조약돌의 모습으로
인생의 세찬 파도 '만휴(萬休)'로 잠재울 때
수수꾸런 우리들 마음 부끄럽고 죄스러워
외로운 무인도에 유배되어야 했었네

위장병과 함께 시리고 어두운
마음의 밤을 관솔불처럼 환히 밝히려
해묵어 누런 책장 넘기며
주야로 글 읽는 소리
삽상한 가을 바람 속에 살아 고즈넉이
서권기(書卷氣)를 더해주네

눈앞 트이지 않는 심한 눈병 속에
마음의 눈 멀어질까 저어하여
파도치는 그리움에 혼불을 질러 써 놓으신
한 획 한 획

갈매빛 열매로 푸르게 걸려
멈추는 발걸음에 먹물 향기 그윽하게
문자향(文字香)을 뿌리네

깨끗하게 발라진 방안의 벽지 뒤엔
병거사(病居士)의 끝 간 데 없는 뒤척임과 신음 소리
흙빛으로 길게 누워 있고
가지런히 이엉 이은 초가지붕의 볏짚 위엔
켜켜이 흩날려버리고 싶던
당신의 물구나무선 세월
눈부신 가을 햇살에도
하염없는 안개비 되어
역사의 메아리로 누추하게 스며있네

국그릇에 빠뜨린 밥알 같은
제자리 찾지 못한 우리들의 헤픈 웃음
사람숲 사이를 어지러이 기웃거릴 때
알레르기처럼 예고 없는

우리들 삶의 반역 사건
조심하라 조심하라 타이르고
백지장 한 장의 무게로도
생각이 자리바꿈하는
우리들 삶의 마음 속 전쟁
잠재우라 잠재우라 다독이네

* 만휴(萬休) : '세상 만사가 다 아름답다'는 추사의 글씨.
* 서권기(書卷氣) : 좋은 책에서 나오는 사람을 이끄는 기운.
* 문자향(文字香) : 아름다운 문장에서 풍기는 멋스러움.

무

무잎을 잘라낸다
씨 뿌린 자리마다 돋아난 연한 순들
사이띄기로 뽑아낼 때
치아 뽑아내는 것 같더니
질긴 가뭄에도 제법 실하게 무밑 들어있다
무밑 더 옹글게 들기 바라며
성성한 무잎 다시 잘라낸다
이렇게
무순 뽑아내듯 무잎 잘라내듯
소중한 것 버릴 줄 아는 일이
꼭꼭 부여잡은 것들
제때에 놓아주는 일이
삶의 주판알
자꾸자꾸 털어내는 일이
잎들 떨어져
봄을 마련하듯
우리들 삶의 봄을
마련하는 일이리라

미황사에서

비바람 오락가락하는 팔월의 끝에
기와불사에 기와 한 장씩 얹고
대웅보전 앞에 잠시 발길을 멈춘다
쯧쯧 곳곳이 부처님인데
비바람이 풍경 소리가 되는 줄 모르다니
아침 저녁 범종과 법고 소리
여기저기 울리는데
왜 산사에 와서만 들으려 하는지
괘불 여기저기 걸려 있는데
왜 미황사에서만 괘불을 보려 하는지
대웅보전 천장에 힘들게
평생 매달리신 천불 부처님
게으른 우리 마음 이해하시어
절 한 번에 천 배 쳐주시고
세 번 절하면 삼천 배라 일러 주셔도
그 한 번도 잊고 사는 우리
무어 그리 뜀박질만 하느냐고
달마전 앞에 와선에서 깨어난

고무신 몇 켤레 빙그레 웃고
나뭇잎배 띄우며 부도전 오르는 길
마중 나온 설봉 스님 깔깔깔 웃으시며
연꽃 한 송이 던져 주신다

제2부

촛불

나의 눈물을 위로한다고
말하지 말라
나의 삶은 눈물 흘리는 데 있다
너희의 무릎을 꿇리는 데 있다
십자고상과 만다라 곁에
청순한 모습으로 서 있다고 좋아하지 말라
눈물 흘리지 않는 삶과 무릎 꿇지 못하는 삶을
오래 사는 삶이라고 부러워하지 말라
작아지지 않는 삶을 박수치지 말라
나는 커갈수록 작아져야 하고
나는 아름다워질수록 눈물이 많아야 하고
나는 높아질수록 완전히 사라져야 한다

시

나뭇잎 하나만 흔들려도
당신을 만난 후의 날들은
백치처럼 설레고 행복했습니다

어느 날부터인가
당신을 생각하지 않는
바쁜 하루가 지났습니다
어느 때부터인가
당신을 향하던 발걸음이
멀어졌습니다

당신을 생각하지 않고
편히 잠든 날이 많아질수록
당신의 모습 잊혀지기 시작했습니다
당신의 노여움이 두려워
조마조마하게 가슴 졸였습니다

지나가던 낙엽이 당신 생각으로

나를 흔들었습니다
그리워만 하다 끝내 죽죽 울었습니다
속 깊은 그리움 키워내지 못하고
붙잡지 못한 당신 모습 그려보지만
잊혀져 생각나지 않는 밤이 아픕니다
한 마디도 말하지 못하는
벙어리일까 두려운 밤입니다

고구마

조청 달여지는 냄새에
자꾸만 가마솥 뚜껑을
열어보고 싶었던
설날 가까운 어린 날처럼
잎새 무성한 고구마 줄기
살짝 들어 밑을 들여다본다
지난 여름
폭우도 장마도 아랑곳없이
가뭄 든 논바닥처럼
갈라진 틈새로 엿보이는
연붉게 수줍은 네 등어리
영글기 위해서 갈라져야 하는
숙명 묵묵히 받아들이며
분단의 고통 삭여내고 있구나
우리 서로 싸우느라
갈라지고 있는데
헤어지는 아픔 마디마디
잎새에 짙푸르게 승화시켰구나

우리 낙엽수의 생을 거부한 채
가을이 다 가도록
푸른 옷 벗지 못하고 있는데

시계

당신이 나를 믿고 편안히
잠들 수 있다는 것만으로
스스로 위로를 해 보지만
늘 쉬지 않고 한결같다며
나에게서 성실을 읽고 간다지만

가끔은 당신의 머리맡에서 달아나
창문 열리기만 하면
레이스 나풀거리며
나들이하는 커튼 따라 나서
산새들과 함께 포르릉포르릉
노래하며 산길을 걸어보리라
꿈을 꾸지만 당신은
어느새 내 배고픔을 엿보고서
작은 건전지로 날 붙들어 매지요

창문 열리면 넘어져
바람 탓으로 돌리고

가출구름처럼 빠져 나와
가을강에서 해 지는 모습을 바라보리라
새로운 반란을 꼳꾸지만
당신은 어느새 비발디를 데리고 와
내 가슴에 사계절을 부려놓고
봄에도 가을강을 걷게 하지요

더위를 핑계 삼아
어느 여름날 건전지 녹여
불안한 하루 휴가를 얻어냈지만
난 곧 후회하고 말았지요

매일 밤 알람 스위치
ON으로 돌려놓고
벌목당한 나무처럼 쓰러져서
당신이 들려주는 잠꼬대와
새벽마다 졸면서 드리는
당신의 묵주기도를 들으면

내 반란의 부질없음에
나는 오늘도
레일 위를 달리는 기차처럼
쉼 없이 똑딱똑딱 나아가지요

쑥뜸

밤마다 석공이 된다
차갑게 쌓아올린 탑신
하나씩 다시 무너뜨리느라
탑을 쌓듯 손바닥에 조심조심
쑥뜸을 하며 온기를 쌓는다
쌓아올린 세월만큼
무너뜨리는 시간이 필요하다는 걸
쌓는 것과 무너뜨리는 것이 하나라는 걸
보이지 않는 혈자리에 올려놓은
작은 수지뜸 한 개에도
우주를 데워내는 힘이 있다는 걸
온기를 피워내기 위해서는
물집과 연기와 쑥진도
피해갈 수 없다는 걸
그래야 다시는 무너뜨릴 필요가 없는
따뜻한 탑신을 쌓을 수 있다는 걸

밤마다 석공이 된다

감사공소

6·25 때 대한민국에 파병 온
군인들 따라 오신 종군 신부님
한국말은 '안녕하세요' 밖에 모르는데
강원도 산골 마을에 밥 한 그릇
얻어먹으러 들어선 집 방안 풍경
문구멍으로 가만히 들여다보니
저녁 밥상 앞에 둘러앉은 가족 여럿인데
그 앞에 감자 몇 개와 물대접밖에 없는데
감사합니다 감사합니다 감사합니다
무슨 뜻인지 몰랐지만 하느님께
감사기도 올리는 것 같아
나중에 그 뜻 알아내고 감동하여
본국에 원조 부탁하여 세웠다는
하느님 집의 이름은 감사공소

우리 고개 숙여 감사할 일 너무 많은데
불평의 소리는 날마다 하늘에 닿고
감사의 기도는 땅바닥을 맴도는데

우리 나의 일에는 변호사처럼 너그럽고
남의 일에는 검사처럼 따져 묻는데

야래화

 하루 종일 성당 입구에 서 있었습니다. 낮에는 아무도 쳐다보지 않았습니다. 밤이면 제 향기에 취해 제가 누구인지 궁금해합니다. 밥풀떼기꽃처럼 못났지만 향기는 최고라고 수근거립니다. 모두들 돌아간 후 향기 나누러 길 떠납니다.

 후미진 골목길 비추며 추위에 떠는 가로등에게, 그 아래 무거운 책가방 십자가처럼 짊어지고 지나는 남학생에게, 늦은 밤 붕어빵을 사주는 마음 따뜻한 이에게, 손님 없는 포장마차를 자정이 넘도록 지키는 가난한 가장에게 향기를 내려놓습니다.

 늙을 줄 모르는 교만과 지칠 줄 모르는 욕망을 잠재워 달라고 간절히 기도하는 불 켜진 창에도 살짝 향기를 불어넣습니다.

 명절 전날 밤에도 팔리지 않는 '지구의' 벌여 놓고 고향을 찾지 못한 가장을 만나러 조금 멀리 떠나봅니다. 가는 도중 온몸으로 걷느라 날마다 충장로 바닥을 걸레질하며 노래하는 장애인의 어깨 위에 멀리 향기 띄워 보냅니다.

돌아오는 길에 보이는 것은 우뚝 선 십자가뿐입니다. 제가 왜 밤에만 향기를 품어내는지 관심이 없는 것 같습니다. 그래도 향기를 높이 그리고 멀리 날려 보냅니다.

이제 술 취한 가장을 따라가 그 집에도 향기를 전해야겠습니다. 그 옆집 차디찬 방에 폐선처럼 버려진 채 쿨럭이는 기침 소리밖에 나지 않는 할아버지 머리맡에 가장 진한 향기 심어놓고 돌아옵니다.

돌아오다 다시 발길 돌립니다. 높은 벽안에 갇혀 그리움으로 진물난 이들에게 방방마다 향기 연처럼 날려 보냅니다. 하늘빛 초록빛이 목마른 그들에게 어린 왕자처럼 해 지는 모습을 바라볼 수 있도록 기도합니다.

방아깨비

 퇴근길 현관문 밖 벽에서 죽은 듯이 벽을 타고 있다 빈집투성이 원룸 복도의 빙벽을 왜 타는지 궁금하지 않았다 걸음마를 배우는 아이처럼 느리게 며칠간을 벽 아래쪽에서 손잡이도 장비도 없이 맨몸의 벽타기는 지속되었다 여름 풀밭도 아닌데 어떻게 이곳에 왔는지 내 방으로 들어오지 않으면 그만이었다

 벽타기가 계속되는 동안 현관문 밖에 놓인 쓰레기통에 사과 껍질을 버리고 밤껍질을 버리고 음식쓰레기를 버리고 가끔 복도 창문을 열어젖혔다 출퇴근을 하느라 현관을 들락거렸다 저녁밥도 먹었다 텔레비전에서 긴급 구조 SOS와 러브 인 아시아와 사랑의 리퀘스트도 시청했다 시월이라 제법 찬바람이 들어왔지만 벽타기의 진전은 거의 없어 보였다 내 방으로 들어오지 않으니 그만이었다

 이틀간의 외출 후 복도 한가운데로 널부러진 그 죽음을 보았다 그날은 칠레의 구리광산에서 살아난 33명의

생존 소식에 치치칠 렐렐레 세계가 환호하며 감동으로 물결치고 있었다 인적 드문 원룸 복도 115호에서 111호까지 어떻게 나아갔는지 알 길이 없었다 어쩌면 차마고도를 가는 마방처럼 외롭게 사마귀를 피해왔을지도 모르는 맑은 공기와 이슬 한 방울을 위해 사력을 다했을 죽음을 맞닥뜨리고서야 풍장을 위해 그 죽음을 창밖으로 돌려보냈다

다시 텔레비전을 켜고 보일러를 켜고 따뜻해진 침대 속에 잠을 청했다 가을은 이미 시작되었다 거울에 비친 나는 무채색이었다

꽃무릇

건너지 못하는
자유의 다리처럼

끊어진 철길
불 꺼진 역사에서
마지막 열차 기다리듯

저녁 바람 소슬토록
가는 다리로 꼿꼿이 서서

만날 수 없는
영원한 평행선
그 숙명에 애태우느라
붉어진 네 가슴

향낭과 숯

하나는
할머니 새벽기도 하실 때처럼
정갈한 주머니에 담겨
날마다 향기를 퍼 주고만 있습니다
다른 하나는
집 나간 자식 기다리느라
밤새 사립문 열어 놓고
곰방대 피워 문 가장처럼
까맣게 타버린 몸뚱이로
소리 없이 냄새를 먹고만 있습니다
둘은 이란성 쌍둥이입니다

장롱

네 고향 생목을 향한 그리움이
눈물이 되었는지 몰라
잘리고 깎이며 삶의 터전 옮겨와
종일 빈방만 지키는 너에게
눈길 한번 제대로 주지 않아
두 해나 흘리던 눈물도 말라버려
메마른 관절이 시리고 삐걱거리는 너는
십 년을 종일본가하며 안방만 지키는
나의 어머니인지도 몰라

네 전신에 새겨진 문신 같은 그림 속엔
작은 정자 위에 평생을
보름달 휘영청 밝고
학춤을 바라보는 사슴이 노닐지만
만삭이 된 내 욕망 다독이느라
바라만 보며 말 못하는
네 외로움 한 번도 달래주지 못해
너 어쩌면 투신하고 싶었는지 몰라

나는 너의 십자가였는지도 몰라
머리 위에 평생 병풍을 지게 하고
한 번의 외출도 허락하지 않아
그 흔한 폴라로이드 사진 한 장도
찍지 못했는지 몰라

너와 나
은혼식의 세월만큼 인연 깊었는가
스물다섯 해를 바라본 내 부끄러운 속내
한 번도 발설하지 않은
너는 나의 성자였는지도 몰라
어쩌면 너는
묵언의 성자를 꿈꾸었는지도 몰라

지렁이

출퇴근길 육십 개의 시멘트 층계를 오르내린다
내 삶의 층계쯤 되는 자리에 어느 날
지렁이 한 마리 느릿느릿 기어간다

사막 같은 시멘트 층계 너머에
그리던 고향집 흙을 향한
네 긴 항해 무사히 끝내기를 바라며
층계를 오른다

통통히 살아 움직이던 너
며칠 후 발자국에 밟힌 채
말라비틀어져 죽어 있다

층계를 오르다 뒤돌아본다
내 지나온 삶의 층계들엔
무엇들이 저처럼 말라비틀어진 채
널브러져 있을까

잘못된 이정표에 매달려
사막에서처럼 배회한 시간들

함께 아파해야 할 곳에
힘 다한 바람처럼 슬며시
발길 돌렸던 부끄러웠던 순간들

거미처럼
나의 방적돌기에서만
실을 뽑고 그물을 만드느라
숨 가빴던 나날들

은빛으로만 빛날 줄 알았던
직선의 길 위에
갑자기 드러난 어두운 인생의 터널에서
방향 잃고 헤매었던 역정들이
켜켜이 쌓여 있다

무더운 여름 한낮
시멘트 층계를 포복했던 지렁이처럼

참새보살

선잠 깬 눈으로
하루를 시작하는 출근길
부리 작은 참새 몇 마리
감나무 마지막 잎새 털어내며
산사의 풍경소리를 실어온다
한 잎도 남기지 않은 감나무보살처럼
생의 먼지 쓸어내는 빗자루보살처럼
거저 공양받은 오늘 하루도
털어내고 벗어버리라고
감나무 우듬지 향해
잠시 발걸음 멈추고
잎 털어낸 나무들
한 번씩 올려다보라고
겨울이 오기 전에 선잠을 깨라고
늦가을 아침을 콕콕 쪼아대는
참새보살들

조약돌의 가을

땡볕 한 움큼에도 몸져 누워버리고 가랑비 한줄기에도 생을 포기해 버리는 꽃들도 있는데 이월의 매화가 아니라고 선운사의 동백이 아니라고 누가 나무랄 수 있겠어요 평생 눈비 맞고 해일이 몰려와도 제 땅 제자리 묵묵히 지키는데 누가 나무랄 수 있겠어요

외로움 씻어내느라 날마다 갈고 닦아 둥글어져 두리뭉실하다고 누가 싫어할 수 있겠어요 네모나 세모 육각 팔각이 아니라고 개성이 없다고 누가 싫어할 수 있겠어요

사포질하듯 깎이고 작아지고 끝내는 존재마저 없어져 흙으로 윤회하는 삶을 누가 업신여길 수 있겠어요 작아지기만 하고 커지지 않는다고 누가 업신여길 수 있겠어요

평생 듣기만 하는 벙어리라고 큰 소리로 말하지는 못하더라도 먼저 말하지는 못하더라도 그저 삼 일 동안만 말하고 싶은 소망을 누가 말리겠어요 관상의 기도도 묵언의 수행도 동안거도 하안거도 시작과 끝이 있잖아요

고단한 이에겐 멍석이 되어주고 마음 아픈 이의 발길질을 불평없이 위로하며 받아주는데 주춧돌이 아니라고 머릿돌이 아니라고 누가 흉볼 수 있겠어요

 가진 것 없는 알몸이라고 누가 탓하겠어요 세상에 살아온 보시로 한 벌 옷 갖고 싶은 소망을 어떻게 탓하겠어요 성철 스님도 한 벌 옷은 입고 사셨잖아요 평생을 잿빛 그 한 가지 몸빛으로 살아왔는데 '초록이 지쳐 단풍 든다'는 어느 시인의 말씀처럼 마음 지친 가을날 단풍들고 싶은 소망을 누가 탓할 수 있겠어요

 남해 바닷가 정도리에 유배된 대물림의 삶 잠시 접어두고 의사당의 대리석 기둥이 된 친구도 미술관의 로댕이 된 친구도 운주사의 코 닳은 와불이 된 친구도 으깨져 보도블록으로 살아가는 친구들도 만나 허기진 가을을 위로하는 미황사 작은 음악회 '달이랑 별이랑 사람이랑'과 함께하는 걸 누가 말릴 수 있겠어요

촛불2

울지 않는 넌 네가 아니다
눈물 자국 없는 넌 네가 아니다
어둠을 싫어하는 넌 네가 아니다
바람 앞에 흔들림을
두려워하는 넌 네가 아니다
겨울밤 장독대 위에 올라서는 걸
싫어하는 넌 네가 아니다
낮밤을 가리는 넌 네가 아니다
그리하여 혼자이기만을
꿈꾸는 넌 더더욱 네가 아니다
제대 앞에서만이 아니라
광화문 앞에서도 함께 어깨동무하기를
그리하여 언제나 너이기를
외로운 가을밤 바람 숭숭 들어오는 부엌
부뚜막에 앉아서도
봄밤 구중궁궐 화려한 촛대에 앉아서도
언제나 너는 너이기를

칼의 노래
- 이순신이 선조에게

1

조선을 위해 출병했다는 명나라 수군의 지휘부가 주색과 풍류를 위해 조선의 딸들을 굴비처럼 엮어 끌고간 밤에도 바람이 잠든 바다는 숨소리조차 들리지 않게 평화롭습니다. 함대와 함대가 부딪치며 가을바다를 피로 물든이던 낮 동안에도 속절없이 은혜롭던 가을 햇살을 받은 수병의 막사들도 지금은 산사처럼 평화롭게 잠들어 있습니다. 무섭도록 평화로운 신의 바다에는 적에게 붙잡혀간 백성이 다시 적의 앞잡이가 되어 싸우다 화살받이로 죽어가며 신음하던 백성의 울음소리만이 부표처럼 떠 있습니다.

2

사직의 장자인 당신께 임진년에 불어닥친 울음은 전하의 조정에서 전하가 적이 되어 전전긍긍하는 모습입니다. 전하께서 보내신 면사첩을 받아드는 순간 수없이 '전하'를 읊조리면서도 보이지 않는 칼이 되어있는 전하의 신하들에게 둘러싸여, 남쪽바다의 수군보다 더 어렵게 백의종군하는 전하의 모습이 정유년의 가을밤을 울게 합니다. 그들이 걱정하는 나라와 백성의 안위는 왜 신이 걱정하는 나라와 백성의 안위와는 달라야 하는지 멸구처럼 들끓는 그들의 욕망은 왜 겨울이 몇 번 바뀌어도 바위산처럼 끄떡없는지 선전관이 들고 온 전하의 교서가 울고 있습니다. 징징징 갑옷을 벗지 못하는 제 마음의 칼도 함께 울고 있습니다.

3

싸움에서 가장 확실한 길은 칼이라지만 아들을 죽인 아베 준이치의 죽음은 칼로도 죽여지지 않습니다. 그러나 싸움에서 그 칼보다 더 무서운 적이 밥임을 알았습니다. 굶주려 검불처럼 말라버린 수졸들에게 그들의 배고픔과 추위를 걱정하는 전하의 교서는 주먹밥 하나의 위로도 되지 못합니다. 적보다 더 무섭게 어김없이 들이닥치는 무수한 끼니 앞에 굶주린 수졸들이 잠들지 못하는 정유년의 새벽은 누대로 썰물에 절여진 삶을 이어온 이 나라 민초들의 추위입니다. 창궐하는 역병처럼

이 나라 조선국에 쿨어닥친 총칼로는 대적할 수 없는
밥과의 또 다른 싸움입니다.

* 김 훈 『칼의 노래』를 읽고 쓰다.

엽서 한 장

온 곳으로 돌아가느라
봄비 속 벚꽃 밤새 뒤척이더니
쉴만한물가교회 옆
키 작은 철쭉들 붉은 꽃길 여느라
새벽등 내걸고 지지배배 소란스럽다

주남마을 지나 화순 가는 길
영정을 싣고 서서히 움직이는 차량 뒤에
비상 깜박이 켠 장의버스와
승용차들이 줄을 잇는다

출근길 차량들
성지순례 행렬처럼 속도를 늦추고
봄길 마지막으로 걸어보는
망자를 위해
함께 옷깃을 여미고
봄길을 따라 걷는다

누구에게나
뒤척여야 할 밤 뒤에
빈손으로 가야하는
길이 있음을 일깨의 준
까맣게 잊혀진 이에게서
어느 날 날아든
엽서 한 장 같은
봄길 위에 뿌려 놓은
망자가 주고 간
마지막 보시

은행나무

밤 깊은 산사가 아니라도
인적 드물고 은행나무들이 조용히
일가를 이루고 사는 곳이면 좋은 것이다
사각사각 수북이 쌓인 은행잎
천천히 밟다가 돌아와
스무 걸음쯤 떨어진 곳에서
옆자리 비워둔 긴 나무의자에 앉아
따뜻한 차 한 잔 마신 후
11월의 어깨에 기대어
저물도록 은행나무가 들려주는 이야기를
듣고 싶은 것이다
함박눈이 첫눈으로 오시는 날까지
은행나무 일가에 묻혀
그 고요한 이별 노래를 듣고 싶은 것이다
부끄러운 나의
한 잎 한 잎을 내려놓고 싶은 것이다
선천성 후천성 모든 고질병
하나하나 내려놓고 싶은 것이다

생애 가장 긴
고해성사를 하고 싶은 것이다

제3부

국화

겨울의 한가운데 선 듯
북풍이 회오리를 지름길로 불러오던
시월의 마지막 밤
여학생 몇이
품속에 노란 국화 감추고
내밀기 부끄러워한다
어디서 꺾어 왔느냐 물었더니
현관 앞에 많이 피었단다
가을 내내 지름길로 다니느라
학교 뒷길만 헤맸더니
가을 중심에서도 가을을 보지 못하는 안타까움이여
지름길이 부끄러움이라 일러주는 국화 한 묶음

눈높이 수업

 눈높이 수업에 네 명이 남아 있다 오늘은 앉아서 수업을 한다 앉아서 수업을 하니 눈높이가 딱 들어맞는다 아니 나의 눈높이보다 아이들 눈높이가 더 높아 더 이상 가르칠 필요가 없다 이제는 아이들이 나를 가르쳐야 한다 아이들은 선생에게 무엇을 가르치고 싶을까 어떻게 가르치고 싶을까

 어쩌면 집으로 돌아가는 시간에 만나는 북두칠성이 너희들의 선생일지도 몰라 차디찬 저녁바람을 가르고 얇은 포장마차에서 너희들 코 묻은 돈을 기다리는 주인이 너희들 선생일지도 몰라 그래그래 어쩌면 함께 꾸는 가장 아름다운 꿈은 밤하늘과 포장마차가 가르쳐줄지도 몰라 차디찬 저녁바람이 어쩌면 어쩌면 너희의 선생인지도 몰라

 학교가 파할 때 가장 행복한 너희들을 저녁 8시가 다 되도록 붙잡아두는 눈높이 수업은 괴물일지도 몰라 하루의 방학인 저녁시간까지 학교에 붙잡아두며 친구가

떠난 왁자하던 교실에서 너희들은 행복 대신 질소가 빠진 과자봉지처럼 쓸쓸함만 배울지도 몰라 선생인 나는 어쩌면 차별을 숨긴 채 거짓웃음을 팔고 있는지도 몰라 못난 놈 없는 놈만 모아 놓고 매일 밤 광대가 되어가고 있는지도 몰라 오늘도 잘못된 잣대질로 편가르기 하고 있는지도 몰라

세종대왕님 안녕하세요

 백성들 눈 틔워 주고 싶으셨던 세종대왕님 백성들 입 열어주고 싶으셨던 우리들의 임금님 오백육십여 년 전엔 최만리가 상소문을 올리며 당신을 막아서는데 오늘은 당신의 이름자리 찾아주자며 막아서는 자 없이 세종로 광화문광장에 이사 오셨는데 안녕하신가요 그곳은 새집증후군 같은 것 없으신가요 그곳은 e편한 세상처럼 편한 세상인가요 그곳은 아이 조은 집이 맞나요 그곳은 석면가루 날리지 않은가요 집주인 얼굴이 바뀐 것 같다고 한쪽에선 야단들인데 세종대왕님 당신 얼굴이 확실한가요 높은 데 올라 앉아 내려다보시니 안녕하신가요 왜 자꾸 안부가 묻고 싶어질까요 오백육십삼 돌 한글날에

 나랏말이 미국과 달라 어리석은 백성이 이제 미국말을 모두 배워야 한다는데 '안뇽! 안냐세여?'보다 더 걱정이 되는 현대판 최만리들이 백성더러 청맹과니로 살라는데 그래서 까닭없이 서러워지는 오늘인데 교과서에는 과거를 뛰어 넘으라는데 그래서 더욱 사나운 비바

람 불어치는 오늘인데 죽어야 산다고 가르치지만 죽는 놈은 죽기만 하고 사는 분은 항상 살아 계셔서 마음엔 폭설까지 휘몰아치는 오늘인데 이제 광화문광장에 촛불 같은 것은 켜지도 말라는데 빛으로 변화하라는 광화문의 이름을 고쳐야 할 것 같은 오늘 세종대왕님 안녕하세요

세종대왕님 당신 뒤에 예쁘게 깔린 아름다운 꽃밭 이름이 무엇인지 뒤돌아보세요 '플라워 카펫' 멋진 미국말로 써 놓았군요 당신이 만드신 발명품 측우기는 한자로 쓰여져 읽지도 못하겠군요 당신이 왼손에 들고 계신 훈민정음 해례본이 울고 있군요 뿌리 깊은 나무 회초리로 종아리를 맞아도 소용없군요 얼빠진 후손들 때문에 눈병이 도지고 하루 종일 앉아 계시니 종창이 번지고 위장병이 생길까 걱정입니다

교실엔 꽃병이 없다

학교에 손님 오신다며
특별히 부탁하여 꺾어온 갈대
꽃병이 없어 벽에 걸어둔다

갈래머리 시절 꽃 귀하던 그때에
꽃은 짝수로 꽂지 않는 거라며
꽃봉오리 아래를 향해
숙여들고 다녀야 한다며
꽃예절 배우기에 열중했었지
궁금한 것 왜 그리 많았는지
살짝 들여다본 교무실은
선생님을 향한 짝사랑의 열기
봄부터 겨울까지
꽃들 풍요로운 세상을 열었지
빳빳한 하얀 칼라 교복 입던 그 시절
교실의 꽃병에도 남몰래
꽃 꽂는 소녀들 줄을 이었지
꽃병에서 뽑아든 가장 예쁜 꽃 한 송이

엉덩이 흔들며 모델 흉내내는
수다쟁이 소녀들의 패션 소품인 양산이 되고
마냥 그리운 이에게 마음으로 보내는
따뜻한 편지도 되었지
어쩌다 일찍 시든 꽃 한 송이
반응없는 빡빡머리 여드름 투성이 남학생도 되어
우리들 발에 밟히는 고통도 되었지

지금 꽃들 지천인 세상에
교실이고 교무실이고
꽃 구경하는 일 드물어졌다
우리들의 선생님이 이제 더 이상
짝사랑의 대상이 되지 못하는 학교에
우리들의 아이들이 한 송이 꽃의 의미를
깊이 생각하기 싫어하는 시대에
남몰래 하는 좋은 일이
더 이상 아름답지 않은 세상에
우리들은 아이들의 마음에

작은 들꽃 한 송이 피우지 못한다
이제 교실엔 꽃병이 없다

상수의 소원

정신지체 부모에게서
정상으로 태어난 열 살 상수가
서른세 살 엄마에게
백 원짜리 오백 원짜리
동전 구별하는 방법을 가르친다

상수의 소원은
세상에서 가장 사랑하는 엄마가
말을 알아들었으면 좋겠고
아빠가 말을 잘 했으면 좋겠단다

상수가 엄마와 함께
읍내장에 나왔다
꽃샘바람 속에 꼬막손으로 캔
냉이를 팔아
엄마가 그토록 갖고 싶어하던
인형을 산다
쉰다섯 살 아빠에게

간식으로 드릴 건빵도 산다
훌라후프도 사들고
싱글벙글 귀가한다

더 이상 뚱뚱해서는 안 된다고
엄마에게 훌라후프 돌리는 법을 가르친다
허리를 돌리지 못해 힘든 엄마
안간힘을 쓰다 울음을 터뜨린다
상수도 따라 운다
눈물의 강 위에서
훌라후프도 따라 운다

다음 날 상수는
훌라후프를 굴렁쇠 삼아
엄마에게 굴려본다
엄마의 얼굴에 햇살이 떠오르고
상수의 얼굴도 새벽처럼 환해진다
땅 위에서 가장 아름다운 평화가

굴렁쇠 바퀴에 오고 간다
상수와 엄마 사이에서 훌라후프도
행복의 그네를 탄다

최동주

컵라면이 그의 도시락의 전부였다
속 깊은 여학생 몇은 라면을 좋아한다며
억지로 그의 라면과 그들의 도시락을 바꾸었고
그때마다 피어오르는 따스하고 매콤한 인정이
그를 교실 밖으로 나가지 못하게 했다

이유 없이 아버지께 매를 맞는 날엔
매를 피해 친구집을 전전했고
다음 며칠간 으레 그의 옷은 땟국물이 절은 채였다

일곱 살적 어머니의 죽음으로
마음속 오렌지나무를 잘라버린 후
그의 가슴엔 키 작은 잡초들만 무성했고
초등학교에서 줄곧 최고를 했다는 그의 성적은
중학교의 학년이 올라갈수록
위험한 줄타기로 추락을 거듭하고 있었다

실업계 고등학교 원서를 쓴 후

그가 끝내 시 외우기 숙제를 거부하고
몇 번의 재촉 끝이 윤동주의 「자화상」을
절름발이 걸음으로 더듬거리고 있을 때
그의 매정한 새엄마처럼
큰소리로 꾸짖을 수밖에 없는 나는 그에게
건널 수 없는 또 다른 강이 되어 있었다

쓸쓸함의 바다에서 표류하던 그에게
절망이 사투리같이 낯익은 것이 되었을 때
그의 꿈은 무채색으로 바뀌었고
희망은 외국어같이 낯설어졌다
검은 그의 얼굴에는
포말처럼 버즘이 피어나고 있었다

낙엽

낙엽을 밟아보니 알겠습니다
사각사각 밟히는 것이
슬픔만이 아님을 알겠습니다
어깨 앙상하게 드러낸 채
당신의 지체들을 떠나보내는 일이
아픔만이 아니라
유월 청록의 숲보다
더 푸르른 일일지도 모르겠습니다
용기 있게 물러서서 바닥에 내려앉은 후
언저리처럼 밟히고 썩어가는 일이
단풍으로 살아가는 것보다
더 아름다운 일일지도 모르겠습니다

늦은 십일월 첫눈 오시는 어느 날쯤
그대 흰옷으로 갈아입고
그래서 그대 잊혀진다 할지라도
그대 결코 잊혀질 수 없음을 알겠습니다
낙엽을 밟아보니 알겠습니다

잊혀지는 것도 사라지는 것도
다시 사는 일임을 알겠습니다
잘 사는 것이 잘 죽는 것임을
잘 죽는 것이 영원히 사는 것임을
이별의 끝이 슬픔만이 아님을 알겠습니다

쇠비름 사랑

흙과 열애 중이구나
땅과 입맞춤하고 있구나
사지 활짝 벌린 채 부끄러워도
감추는 것 없이 드러내놓는
사랑법은 믿음이구나

아흔아홉 칸 김동수 가옥의
밥 짓는 연기 담장 넘지 않도록
굴뚝 낮게 세워 배고픈 백성
늘 배려하던 안주인의
따뜻한 손길 잊지 못해
불 꺼진 안채 떠나지 않고
이백 년 넘게 지켜온 한결같은
사랑법은 기다림이구나

사랑채 노거수 향나무 뒷전에서
하냥 잊혀지고 짓밟히지만
잊혀진 사랑도 우리를 키웠듯이

꿋꿋이 그 땅 지키고 있구나
가끔은 안채 툇마루에 앉아
어쩌다 버려둔 너와 눈맞춤하여
남루하게 떨고 있는 너를
뿌리째 소중히 안고 가는 이를 위해
열애 중인 네 사랑과 아프게 이별하는구나
그 몸 효소로 다시 태어나는 더 큰 사랑을 위해서구나
그 사랑법 가슴에 옮겨 심어야겠구나
흙과 네가 한몸인 것처럼
너와 내가 한몸이고 싶구나

진달래꽃

 이해인 수녀님이 광주에 오셔서 욕을 할라치면 동물성 욕 대신 식물성 욕을 하자고 하셨다 수업시간 오늘도 미운 오리새끼 같은 녀석들 또 걸렸다 살금살금 녀석들 앞에 선다 순간 호흡을 가다듬고 녀석들 눈을 응시한다 눈이 마주치는 순간 녀석들은 빨리 일침이 가해지기를 기다린다 하지만 참아야 한다 봄꽃을 피워 올리기 위해선

 그래그래 이제 씨앗을 뿌려보자 진달래 같은 상훈아! 지수야! 너희들 덕분에 여기까지 움직일 수 있어서 매우 좋구나 운동하게 해 주어서 고맙구나 드디어 씨앗을 뿌렸다 한참을 기다린다 다시 물주기를 해보자 너희가 얘기하면 선생님이 집중이 안 되어서 수업이 힘들어지거든! 수업하자~~ 말꼬리를 한 옥타브 내렸다 아이들의 눈이 휘둥그레졌다 웃고 있는 나를 보는 아이들의 긴장된 표정도 한 옥타브 내려갔다 녀석들이 애교를 부린다 선생님 징그러워요 이상해요 왜 그래요 갑자기~~ 드디어 싹이 돋기 시작한다 자 지금부터 다 같이 물

주기를 하자 '당신은 사랑받기 위해 태어난 사람 지금도 그 사랑 받고 있지요~~' 학급 아이들이 모두 상훈이와 지수를 향해 웃으며 함께 노래를 불러준다 나도 함께 웃으며 노래를 한다 녀석들이 쑥스러워한다 교실의 아이들이 모두 모두 웃는다

 교실에 진달래꽃이 피기 시작한다 봄이 오기 시작한다

난분

교무실 온풍기가 복무를 시작하면
난분은 산을 오르지 않고도
목이 말라 헉헉거린다
꽃대 네 개나 올라와 인사하기에
일찍 꽃 피우라고 수도꼭지에 대고
이틀 간격으로 물을 주었더니
숨소리 조용해진다
강선생님 누렇게 병색이 완연한
꽃대 하나 애처로워하시며
꽃대 주위에 물 주면 썩는다고
피해서 주라고 일러주시는데

여울목만 잘 건너라고
등 굽은 삶을 수없이 되뇌었던
난분 같은 아이들 생각에
가슴엔 절벽이 내려앉는다
들판의 새떼 날려버리듯
우격다짐으로 아이들 가슴에

뿌려댄 물줄기
얼마나 많이 날개 부러진
앉은뱅이의 탑만을 쌓게 했을까

폐광의 지하에서도
무지개를 채광할 수 있다는
희망을 왜 보여주지 못했을까
아이들 가슴에 고여있는 별들
왜 따뜻이 흐르게 하지 못했을까

박물관의 유물에선 왜
일몰을 향해 웅크린
정지된 시간만을
가르칠 수밖에 없었을까

골목시장 생선가게 아저씨는
봄날 밥상머리 고등어 한 마리에도
출렁이는 대해를 프 올려 주시는데

지네
– 증도에서

새벽 4시의 소동
지네에게 왼쪽 깨끼손가락 물린 뒤에
어깨 근육 쿵쿵거리고 손가락 부어오른다
아무도 대신해 줄 수 없는 아픔에
눈물 찍으며 자화상 그려본다
내 생의 거미줄엔 어떤 것들이 걸려 있을까
내 생의 빨랫줄에 어떤 것들이 널려 있을까
거미줄엔 정서 실조의 중증환자
가는 줄에 무거운 몸 매달고
정서 수위 매일 하한가를 기록하며
추락을 거듭한다
빨랫줄엔 후천성 게으름이란 놈
겨우 두 개의 집게에 의지하여
봄부터 가을까지 후줄근히 비 맞고
땡볕에 탈색되어 먼지 뒤집어쓴 채
바람 부는 대로 흔들리며
내려올 줄 모른다
세상사 그렇게 예고없이

새벽같이 닥치는 거라고
제 몸 죽여 경고한다
자화상 잘 좀 그려가라고

그 애

서랍 정리를 하다 발견한
빛바랜 봉투 한 장
전남 신안군 증도면 증동리 김수진 앞

우전리 바닷가 보물섬 앞바다 갯벌 축제
버지선착장 한길호 송도다방
전소라 이영창 김순균
이효석 박세나 이희연
영화 끝 자막처럼
이런 이름들이 흘러가고
뭍이 그리워 밤마다 다른 빛깔로
꺼억꺼억 울어대던 바람소리에
잠 못 이루던 시간들 너머로
다시 그리움의 섬 하나 태어난다

장애아 동생의 일기도엔
장마 평생 끝나지 않는다며
항상 비옷과 우산을 준비하고 다니던

순간순간 어른이 되어 있던
눈빛 맑던 그 애
그 애의 눈빛 속에 언제나
쓸쓸히 함께 자라던 가을

사는 일 부질없고
벼랑 끝에 선
오늘 같은 날엔
가을이 그 애를 떠날지라도
가을을 결코 떠나지 않을
그 애를 생각하며
그리움의 섬에 다시
나룻배 띄워 본다

그리움

평생을 빈 바구니
매달고 서 있는 농구꼴대처럼
어떤 것도 받아들이기를 거부하던 아이
꿈속에서 길을 찾는지
수업시간에 엎드려 잠만 자던
무단결석 무단결과 무단지각으로
언제나 휴화산을 품고 사는 아이

헤어진 아버지 집에서 자고 와
엄마한테 거짓말 했다며
처음으로 흘리는 눈물 너머로
언뜻 불어오는 그리운 사람 냄새
아이의 가슴에 자라는
산그늘 점점 깊어지는데
혼자만 잉걸불이길 꿈꾸었던 나
작은 불씨 하나도 될 수 없어
아이들 첩첩산중으로 낯설어지는 날엔
지리산 휴양림 계곡의

물소리 더욱 그리워진다

낮이면 아래로만 흐르던 길
밤이면 어김없이 거꾸로 흐르며
물푸레나무를 향해 밀어 올리느라
남몰래 더 큰 울음을 우는
수목 한계선 넘어 올라가
온 대지를 하이얀 융단으로 수놓고 싶어
바닥에 엎드린 채
그 순백의 겨울에
혼자서 짙푸른 잎사
기상깃발처럼 달고 서 있는
지리산 골짜기 만병초는
왜 또 그렇게
그리워지는지

어묵

태어날 때부터 가시만 앙상했어
냉동실에 갇혀 있어도 마음은 늘 갈증이었어
까만 내 피부는 끝없는 눈보라 같은 슬픔이었어
어느 날 어디론가 실려갔어
알아들을 수 없는 말들이 오고 갔어
냉동실의 추위보다 두려움이 더 무서웠어
죽는 줄만 알았어 눈 꼭 감고 뜰 수 없었어
내려다보니 너무 눈부셨어 나처럼 생긴 친구들
이 눈부신 땅에 와서도 떨고 있었어
또다시 두려워졌어

다시 어디론가 실려갔어
나처럼 새까만 칡뿌리인생을 만났어
다시 놀랐어 이 눈부신 땅에서 또 다른 나를 만났어
그가 차차 말라가더니 가루가 되는 것을 보았어
내 몸도 으깨지기 시작했어
우리는 몸을 섞어야 했어
다시 무서움과 두려움의 시작이었어

뜨거운 기름 속에 우리의 과거는 지워졌어
국적을 바꾸어야 했어 언제부턴가
두려움이 두근거림이 되기 시작했어
그리움이 시작되었어
둘이 하나 되는 새로운 이름을 갖게 되었어

가난했던 내 몸 열탕에 퉁퉁 불어도
때론 꼬챙이에 찔리는 아픔 있어도
겨울밤 함박눈으로 날 찾는 이 있어서
무거운 가방의 허기진 꿈들에게 밥이 될 수 있어서
새벽시장 언 손들에게 따뜻한 국물이 될 수 있어서
나는 오늘도 웃을 수 있어
언발 동동거리며 바람막이 비닐집에서
자정 너머까지 나를 바라보는
부음 같은 슬픔들에게 희망이 될 수 있어서
조등 같은 쓸쓸함들에게 새벽을 말할 수 있어서

가을 소리
– 故 한미랑 선생님을 기억하며

폭설에 놀라 툭 떨어진
동백처럼 붉게 누워
그대 아버님 뵙겠다는 소망
누구라서 말릴 것인가
홍매화 지기도 전에
하이얀 조등 내걸고
가족과 지인들 불러놓고선
바람 없는 날의 깃발처럼
말이 없더니

그대 영정 앞에 절하고
웃으며 뛰어나오던
그대의 여섯 살 어린 딸
채린이를 보며
그대 때 이른 봄비 되어
내내 흐느끼더니

그대 돌아가신 아버님께

다문 얼마라도 드리고 싶었던
식을 세라 그대 품에
꼭꼭 싸안고 간 이승의
그 봄볕으로
아버님의 추위는 다 막아 드렸는가

이제 다시 따뜻한 봄볕 그리워져
무릎 꿇고 가을의 기도 올리는 때
갈대처럼 몸 흔들며
가을 소리로 선 그대여

전근

완도 페리호 '신의' 가는 조양운수 뱃전
옥경 선생님의 전송에
그리움으로 함께 울어주던 바다
이 땅에 봄이 올 때
황매화 꽃자리 먼저 생각지 말라던
도종환의 시가 생각나고
꽃자린가 유배길인가
추사와 다산이 두려움에 지친 물결 위로
위로처럼 살아오시던 날

찜통더위 삼킬 것 같던 풍랑과 멀미의
여섯 시간 '거문도' 가는 여행 뱃길에는
백일홍 같은 즐거움 피고 또 피었건만
'신의' 가는 잔잔한 두 시간 밥 벌러 가는 뱃길엔
삶의 그로기 같은 고달픈 역정만 있었네

비포장도로 푸석푸석한 흙먼지 날리며
이삿짐 싣고 운동장에 들어설 때

창가에 늘어선 아이들
선생님! 안녕하세요!
인사에도 아랑곳없이
염전의 시커먼 뻘 눈앞 풍경에
교육은 지푸라기처럼 흔들리고
떠나와서도 버리지 못하는
검불 같은 나의 살이가 부끄러워
고단한 달빛과 함께
목 메이던 섬마을의 첫날

스팸문자 취급하지 말아주세요

 이보다 더 간절한 기도가 어디 있겠어요 삼십 년을 한결같이 몸으로 기도하는 2인 3각 걷기 이제 멈추게 해 주세요 아버지 오른쪽 어깨에 아들의 왼쪽 어깨가 10시 방향으로 기울어진 채 하루도 빠지지 않고 저녁 운동장을 도는 것 힘들어 보이지도 않으세요 반듯하던 등이 굽어버린 아버지가 서른을 넘긴 아들을 한결같이 걸음마 시키는데 그 기도보다 더 간절한 기도가 어디 있겠어요 제발 스팸문자 취급하지 말아주세요 설국열차처럼 쉬지 않고 달리도록 그대로 두고만 보실 건가요 제발 답장 좀 해주세요

 삼십 년 전 고운 편지지에 써서 우체통에 넣은 엄마의 편지도 아직 미수신인가요 이십 년 전 운동횟날 풍선에 실어 보낸 사연도 아직 미수신인가요 지난 해 정월 대보름 연날리기 때 보낸 사연 아직도 미수신인가요 제발 안 읽은 편지 통째로 휴지통에 버리지 말아주세요

 아슬아슬 쓰러지기 일보 직전의 2인 3각 걷기 불규칙한 탁음으로 탁탁 운동장을 떠돌며 날마다 저녁 운동

하는 사람들의 가슴까지 치고 있는데 며칠 전 그들과 함께 보낸 사연 하늘가는 길가 어디쯤에서 길을 잃은 걸까요 한눈팔고 있는 걸까요 아픈 소식 빨리 전해 아직도 절뚝절뚝 공중으로 치켜든 오른발이 땅에 닿을 때까지 정지 동영상처럼 안타까운 사연 이제는 끝나게 해주세요 삼십 년이면 어린 미루나무 자라나 새살림 차릴 세월인데 이 학교 운동장의 중학생들 중년의 아버지가 되었는데 이제는 10시 방향에서 12시 방향으로 아들의 어깨 조금만 움직이게 해주세요 뒤뚱뒤뚱 혼자서도 걸을 수만 있게 해주세요

하느님 제발 스마트폰 좀 켜 두세요 부재중 전화 확인 좀 해주세요 스팸문자 취급하지 말아 주세요 전자메일 가끔씩 확인해 주세요 페이스북에 2인 3각 걷기 제목 클릭 좀 해주세요 하늘나라 쓸쓸한 우체통도 한 번씩 찾아가 편지지 좀 꺼내서 읽어 주세요 제발이요

* 〈설국열차〉: 봉준호 감독의 2013년 개봉영화.

제4부

노오란 스웨터

 노오란 스웨터 입었더니 벌들이 모여들어 윙윙거린다 겉만 노오란 스웨터에 꽃인 양 달려들어도 꽃을 줄 수 없는데 해질녘까지 벌들이 떠나지 않는다 세상을 향해 잉태하지 못하고 석녀처럼 살아온 마음에 벌들이 매질을 한다 하루 종일 빈집의 바람처럼 쓸쓸하다

 꽃당혜에 예쁜 꽃술 달아 신기고 싶은 어미 마음 모른 채 가난한 아침 밥상에서 운동화 사 달라고 징징 떼쓰던 철없는 아이처럼 보채며 노오란 스웨터를 떠나지 않는 벌들이 마음에 습지 한 평 키우지 못한 시월의 나를 촛불 앞에 무릎 꿇게 한다

연가

화려한 꽃이 아니라
저 가늘고 볼품없는 몸으로
때로는 봉두난발의 머리를 풀어헤친 채
작은 바람에도 늘 흔들리고 있는 갈대도
한 계절을 넉넉한 품으로
우리를 그 앞에 모일 수 있게 하듯이

바람은 계절 없이 늘 우리를
크게도 작게도 흔들고 있나니
흔들림을 두려워 말기를
흔들리면서 뿌리 깊숙이 내리기를
아프면서 줄기 더 단단히 세우기를
부딪치면서 상한 잎새도 보듬을 줄 알기를
다시 흔들려도 서로 손잡을 수 있기를
폭풍우 치는 밤 뒤에는
더 환한 새벽이 온다는 것을 잊지 말기를
흔들림이 우리를 키운 하늘이 되고
이정표가 되고 등불이 되기를

이정표

그대 언제 오시는지 몰라
앉지 못하고 서 있습니다

그대 오시는 길
햇살 곱게 펴 드리고 싶어
길 떠나지 못합니다

무심히 지나치는 그대 뒤돌아서서
고운 눈길 한번 보내 주었으면

바쁜 그대 쉬어가며
따뜻한 말 한마디 건네 주었으면

그래도 그대 바쁘시면
오시기만 하시어요
웃어만 주시어요

그대 떠나고 아니 오셔도
언제나 그 자리에 서 있겠어요

엄마

 요즘엔 별을 볼 수 없노라고 자꾸 중얼거리시는 엄마가 좋습니다
 아직도 마음에 아름다운 꿈을 키우시기 때문이지요
 반복되는 잔소리와 가끔 우김질하시는 엄마가 좋습니다
 아직은 기력이 남아있기 때문이지요
 초등학생 손자와 이따금 다투시며 버릇없다 혼내시는 엄마가 좋습니다
 아직은 아이들과 대화할 수 있는 나이이기 때문이지요
 아끼고 아끼느라 전화도 줄이시는 엄마가 좋습니다
 절약해서 자식에게 주시겠다는 희망이 남아있기 때문이지요
 '애모'와 '미스 고' 대중가요 가사를 외우시는 엄마가 좋습니다
 아직도 마음속에 노래가 살아 있기 때문이지요
 삼십 년 전 돌아가신 시어머님 얘기할 때
 지금도 시집살이 억울함을 호소하는 엄마가 좋습니다
 아직은 그리움이 남아 있기 때문이지요

한여름에도 쓸쓸한 바람으로 스물네 해
엄마 가슴을 훑고 지나갔을 당신 지아비에 대한 추억은
당신의 기울어진 오른쪽 어깨처럼
아직도 무게 중심이 고통으로 기울어져 있습니다
그것은 어머니의 강에 흐르는 말할 수 없는 그 무엇입니다

어머니1

세련된 어머님 모셨다는 말씀들이
자랑스러웠습니다
나이보다 젊게 보인다는 말씀들이
즐거웠습니다
말씀들의 잔치에 눈멀어
항상 아낌없이 주는 나무로
서 계실 줄 알았습니다
언제나 청청한 소나무로
바람 막아 주실 줄 알았습니다

어느 날 소낙비에 젖어버린 이불처럼
온 삭신 마디마디 천근의 무게로 내려앉고
붉다가 지쳐 말라붙은 끝물의 고추처럼
당신의 다리 힘없어 마음까지 휘청거릴 때
자식에게 더 이상 줄 것이 없음을 느끼시며
마른기침까지도 꽃으로 바친 후
벌목당한 나무들처럼 쓰러질까
두려운 밤입니다

높새바람 드높은 허허벌판에
허수아비같이 쓸쓸해하실까
두려운 밤입니다

어머니2

초보 운전하는 딸 걱정되어
석 달을 하루도 빠짐없이
함께 출근길 따라 나서신다

내게 걸음마 시킬 때도 저렇게
날마다 같은 일 반복하시며 기뻐하셨겠지
내게 말 가르치실 때 작은 옹알거림에도
그래그래 잘한다 대견스레 고개 끄덕이셨겠지

일흔 살 어머니
성당 예비신자 교리를 받으시며
묵주기도 하는 방법 가르쳐 달라신다
처음으로 묵주기도 5단을 함께하는 동안
나 몇 번이나 몰래몰래 가슴 답답해했는지
날마다 함께 기도하며 가르쳐 드린다는 약속
그 후엔 지키지 못했지

이제 안테나 아무리 높이 세워도

어머니의 기억력과 이해력의 수신 속도
하강으로 방향을 선회하고
더 이상 이륙을 꿈꿀 수 없는
어머니의 비행기
궤도 이탈하지 않고 서서히
평화로운 착륙을 하도록
묵주기도를 드린다

내게 걸음마 시키던
내게 말 가르치시던
오늘도 출근길 따라나서시는
어머니의 마음을
기도 바구니에 담아

어머니3

아파트 빈터에서 따오신 봉숭아에
백분을 넣어 찧어 놓고
딸의 퇴근을 기다리신 어머니

늦은 밤 딸의 손톱 위에
조심조심 눌릴세라
처매 주신 곱디 고운
열 개의 봉분

봉숭아
해마다 가을이면
어머니의 가슴에
풍경 소리로 찾아오는
외롭고 쓸쓸하고 아름다운
어머니의 일흔셋 추억인 것을

열일곱

봄햇살로 나부끼던
수줍고 빠알간 어머니의 꿈인 것을

마늘

붉고 단맛 나는 삶을 위해
하늘 바라보며 마음껏 매달리는
즐거운 삶이 아니다
새들 떠나버린 가을 들판에
뒤늦게 푸른 잎 달고서
맵고 아린 삶을 위해
차가운 땅속 외로운 겨울을 견뎌야 한다

하나이고 둥근 삶이 아니다
너무 많아도 너무 적어도 아니 되고
죄 많은 육쪽쌍둥이로 태어나야만 한다

예쁜 과일 바구니에 담겨 한가하게 놀다가
다칠 새라 조심조심 더위 피해
냉장고에서 즐길 수 있는 삶이 아니다

눈에 뜨이지 않게 한쪽 벽에 걸린 채
삼복의 찜통도 동짓달 칼바람도 이겨내야 한다

때로는 물속에 수장되어야만
희고 상처나지 않는 알몸이 될 수 있다
알몸으로 뜨거운 국물에 다시 수장되거나
불판 위에서 뜨겁게 몸을 구워
입속에서 네가 씹힐 때
배추와 고추 속어 섞여 네가 없어질 때
비로소 아름다운 삶이 된다

실과 바늘의 공소장

양팔을 벌린 길이보다 실을 너무 길게 끊은 것
자꾸만 실이 꼬이는 예견된 일을 알고서도 방치한 것
잠자야 할 새벽 두 시까지 바느질을 한 것
꼬인 매듭을 풀어야 할까 끊어내야 할까
그 경계에서 남들의 얘기에 귀 기울인 것
엉킨 실 풀어내거나 끊어내는 일
실만의 일이 아니라는 것을 알면서도 모른 척한 것
실을 쥐고 양손이 서로 잘났다고 힘겨루기 하고 있는 것
매듭 같은 생채기가 더 단단한 나무로 자란다는 걸 무시한 것

수틀 속 한반도 토끼 모양 지도
둘로 갈라지지 않고 무궁화 꽃잎 그리려면
가끔은 마침표 같은 결단이 필요하다는 걸
일부러 까맣게 잊으려 한 것
유월처럼 희망 쨍쨍한 한낮에도 믿지 못해
함께 손잡고 가지 못하고 한눈을 판 것

혼자만 빨리 나아가려고 힘을 가진 오른손이
계속 바늘을 쥐고 잘난 척한 것
바늘을 뺏긴 왼손은 수틀 뒷면의 생채기와 매듭만
어루만지며 오른손만 원망한 것
앞면과 뒷면은 처음부터 하나였다는 걸 알면서도
서로가 하나 되기를 미루는 것

꼬인 매듭 잘라내고 다시 시작하다 보면
사과나무 같은 느낌표 무수히
감추어져 있을 거라고 믿지 않은 것
원래대로 돌아가 엉키지 않게
실패에 실을 제대로 감는 일을
아직도 하지 않고 서로 미룬 것
이 공소장 내용을 끝내
서로 인정하지 않은 것

이장

이산가족 찾기 하면 금방이라도 찾아낼 듯
튀어나온 당신의 이마 닮은 자식들 바라보며
오늘도 틀니 드러내놓고 웃으시는 아버지

호남고속도로 내느라
육탈 안 된 당신 선산에도 갈 수 없어
절을 올리기도 힘들었던 급경사진 악산에서
삼십 년 가까운 세월 아카시아를 벗 삼으신 아버지

백구두에 깔끔했던 당신 생전처럼
여전히 깔끔하게 몸 추스르시며
어깨뼈 사이를 기어가는 벌레 한 마리
그냥 놓아두라 이르시며 외로움 달래시네

아직도 달동네 같은
임동과 유동의 경계가 되는 그 골목
명절이면 쌀 몇 됫박씩 돌리시며
허기진 이웃을 달래시던 아버지

가끔씩 닭 삶아 동네 사람들 먹이느라
어머니 힘들게 하시던 아버지

이장하는 오늘도 당신 무덤가에
연하디 연한 쑥
빙 둘러 쌓아두고
마음대로 가져가라시며
웃고 계신 아버지

작은큰어머니

열여섯에 시집 와 공방수 들어 외롭더니
열여덟에 첫아들 낳은 후 아들만 다섯 낳아
당신의 시어머니께 칭찬받으셨지만
넷째아들 일찍이 가슴에 묻은 작은큰어머니
글자 읽을 줄 몰라 택시 타지 않으면
혼자서는 남의 집 찾지 못하시던 작은큰어머니
할머니 제사 때 큰큰어머니댁 동 호수 기억 못해
아파트 주변 서성이다 택시 타고
다시 집으로 돌아가셨던 작은큰어머니
일흔이 다 되도록 시장에서 저울질할 때마다
계산 틀릴까봐 함께 매달린 불안
지아비에게도 아들들에게도
열어 보이지 못했던 작은큰어머니

자네는 좋겠네 딸들 있어서
손아래 동서 부러워하시던 작은큰어머니
우리 오빠가 저를 데리러 왔어요
마지막 인사하신 후 떠나신 작은큰어머니

그 세상은 까막는이 없는 세상이길
그 세상에선 딸부잣집 어머니로 태어나
딸들 손 붙잡고 비단전에 들리시어
당신의 쓸쓸하고 허름했던 속곳
결 곱고 색 고운 것으로
넉넉히 쌓아 두시길
두 손 모읍니다

딸에게

 유월의 느티나무 아래서 너를 생각한다 해마다 유월이면 초록의 환희를 배달하는 느티나무처럼 너희들 생의 새벽에도 한낮에도 그늘이 필요한 사람들에게 환희가 되고 감동이 되었으면 해

 미생물에게 세포를 거의 빼앗긴 채 썩고 부러진 채로 오염된 항구를 떠돌아다니던 나무가 세상에서 가장 아름다운 소리를 내는 바이올린이 될 수 있었듯이 너희들 삶의 마디마디에 때로는 눈비가 되어 내릴 고통들도 바이올린처럼 승화시켜 끝내는 고통까지도 경배할 수 있는 날들이었으면 해

 미동도 없이 꿋꿋이 제자리 지키며 한 세기의 모습을 기억하는 누추한 우체통처럼 숱한 사연 가슴에 발효시켜 오래된 연인의 마음으로 이웃에게 따뜻한 사랑 전해 주었으면 해 가끔은 잘못 배달된 사연에도 서로를 눈감아 주는 말줄임표 같은 사랑이었으면 해

너희들 가슴에 품은 곱고 예쁜 마음송이들 삶의 창가에 날마다 피어날 수 있었으면 해 크고 높고 붉은 것 서로 샘내지 말고 땅꼬마처럼 어여쁜 채송화는 채송화로 키 큰 해바라기는 키 큰 해바라기로 붉은 장미는 붉은 제 모습 그대로 지키며 피어났으면 해

가을산

늦가을 산을 찾았더니
못난 것들이 산을 지키는구나

상처난 도토리 썩은 밤톨 으깨진 밤껍질 버려진 낙엽들 형체도 이름도 잊혀지고 못난 것들이 산을 지키는구나 알갱이는 모두 주고 껍데기만 남아서 으깨진 채 뒹굴며 흙과 하나되어 가장 낮은 곳에서 산을 지키는구나 밟아도 밟아도 아무 말 없구나

직립의 키 큰 나무가 산을 지키는 것이 아니었구나 오월의 푸른 솔잎이 산을 키우는 것이 아니었구나 육탈하듯 푸른빛 모두 내어주고 생애를 땅에 내려놓은 채 속을 다 비운 누우런 잎들이 산을 지키는구나 숨어 우는 바람소리를 달래고 있구나 가난한 아궁이 군불도 되고 있구나 버려진 것들 두고 떠나지 못한 단풍을 넉넉히 품에 안고 있구나 땅속 벌레들의 이불이 되고 있구나 쓸쓸한 고향집 지키는 어머니 닮았구나 큰 나무 아래 빈혈처럼 쓰러져 고개 들지 못한 나무들이 함께 땅

에 엎드려 산을 지키는구나

　늦가을 산을 찾았더니
　못난 것들이 산을 키우는구나

이끼

꽃피는 봄여름엔
눈길 주지 않더니
꽃 지고 나니
눈길 주는 야속함이여

나무들 제각각 살아온 빛깔대로 가을옷 갈아입는데 꽃빛은커녕 흙빛도 푸른빛도 아닌 몸으로 슬퍼할 줄만 알았는데 고목에 기대어서 돌 밑에 숨죽인 채 움직이지도 못하는 난쟁이로 살아가는 줄만 알았는데 마음 가는 대로 왔다 마음대로 가버리는 대숲바람 부러워 매발톱 세울 줄 알았는데 그늘지고 습한 곳에서만 살아가며 줄기 가지 잎도 구별할 줄 몰라 근본 없다 손가락질 받은 줄만 알았는데 아니로구나 헛뿌리로 힘겹게 수분을 빨아올려 차디찬 돌담에 고색으로 피어났구나 돌담과 하나가 되었구나

소쇄원의
식객이 아닌

또 하나의
주인이 되었구나

석류

시고 쓰고 달고
갱년기에 좋다는 널 먹으며
나는 누구에게 얼마나 먹히며
밥이 되고 약이 되고 위로가 되고
한 줄 시가 되었을까

달다고 덥석 받아먹은 나의 등 뒤에서
수없이 안 된다고 말리고 있었을
안타까운 시간들 이미 사라지고

쓰다고 뱉어버린 나의 등 뒤에서
약이 되는 줄 모르는 야속한 소견에
소리없이 서운함을 간직했을
마음 부른 넉넉한 친구
이제 너무 멀리 있고

시다고 내쳐버린 나의 등 뒤에서
뒤돌아보기를 바라며

종종걸음으로 내 마음자리 오래 서성이며
쉽게 떠나지 못했을 친구
잊혀진지 오래인데

시고 쓰고 달고
인생의 은유로 태어난
석류 먹어야 하는 갱년기 되어서도
우리 젊은 시절 꿈꾸었던
나그네의 물 한 잔도 되지 못하고
비 오는 날 우산 하나도 되지 못할까

엄마의 백일장

느그 할머니처럼 인정 없는 시어매도 없었어야
내가 왜 그렇게 바보처럼
아무 말도 못하고 살았는지 모르겠어야
인정머리 없기는 느그 아부지도 똑같았어야
내 말 들어보지도 않고 즈그 어매 말만 듣고
나한테 했던 것 생각하면……
어느 땐가부터
하루 세끼 밥 먹듯 빠지지 않고
할머니와 아버지 성토하시는
엄마를 오늘은 꼬옥 껴안았다
할머니가 아버지가 그렇게
엄마한테 시집살이 시키고 힘들게 해서
사십 년이 지났어도 엄마 마음이
이렇게 아프구나
말하며 껴안는 순간
엄마는 다섯 살 딸이 되었다
천진하고 선한 눈매로 돌아온
엄마 눈에 이슬이 맺혔다

콧등 시큰거려 엄마를 쳐다볼 수 없다
엄마! 화가 나면 이 연습장에
욕도 좋으니까 아무 말이나 생각나는 대로
마구마구 써버려요
엄마는 일본어 잘 하니까
다른 사람 못 알아보게 일본어로
하고 싶은 말 여기에 다 써버려요
연습장을 받아든
엄마의 백일장대회가 시작되었다
긴장과 고요 속에
엄마의 자서전 쓰기가
주름진 손등처럼
삐뚤빠뚤 시작되었다
노을처럼 아름다운 엄마의 하오가
다시 시작되기를 바라며
나도 연습장을 펼쳐 들었다

순천만에서

갈대

외로웠던 내가 갈래머리 여자 아이들처럼
이젠 깔깔거리며 웃을 수 있게 되었어
어린 시절 꽃을 부러워하진 않았어도
나의 출생에 대해 불만이 많았지
습지와 냇가에서만 살아야 하는 나는
마른땅으로 이사 가자고 떼를 쓰기도 했지
생긴 모양새를 보게나 밥 한 그릇 제대로
먹지 못한 것 같은 깡마른 모습에
속은 텅 비어 있어 윤기라곤 없는 몸에
키만 장대처럼 컸지 스무 살이 다 되도록
풋풋한 향기는커녕 비쩍 말라버린 나는
외로움과 쓸쓸함 그 자체로 태어났지
나이 들어서도 평생을 서서
다리 저는 사람처럼
온몸을 흔들며 살아가야 하기에
바람을 몹시도 싫어했지

가을이면 산발 같은 내 모습을
더 부채질했으니 당연할 수밖에

정원은 아니라도 사람 많은
동네 어귀에라도 살고 싶은
내 소망을 이룰 수 있는 곳은
어디에도 없었어 그러다 나와 같은 슬픔과
꿈을 가진 친구들을 만나게 되었어
친구들과 함께 손잡지 않았다면
저 바람을 어떻게 막아낼 수 있겠어
이젠 바람도 무섭지 않게 되었어
친구들과 함께 있으니
흔들려도 두렵지 않게 되었어
이젠 바람 덕분에 흔들리는 대신
춤도 출 수 있게 되었어
누구나 태어난 곳을 떠나 살기 어렵듯이
바람 또한 살아가기 위해 우리 곁을
떠날 수 없다는 걸 알게 되었어

우린 별 없는 밤이라도 서로 껴안고
추위를 막아내며 내일이면 은빛 물고기떼처럼
군무를 펼치기 위해 매일밤 연습도 하게 되었어
혼자 있을 때는 상상도 할 수 없는 일이지
우리를 적군처럼 뺑 둘러싸버린 안개
우리를 유배시켜버린 그 안개도
이제는 우리들의 백댄서가 되었어
거들떠보지도 않던 나를
만나러 오는 사람이 많아진 지금
사람 많은 곳에 살고 싶어했던
내 꿈은 이미 이루어진 거지
우리를 찾아오는 저 사람들에게
나를 통해 희망을 보라고 말하고 싶어
적으로만 생각했던 바람이 친구가 되었어
바람 없인 우리가 춤을 출 수 없으니
적과의 동침이라며 우스갯소리도 하지
비도 눈도 이미 우리의 친구가 되었어

습지

저기저기 노랑부리저어새 닮은
노오란 제복 입은 유치원 꼬마 아이들
배고파요 배고파요 소리치며 지나가네
배꼽시계가 벌써 정오를 알리나봐
어린 시절 나 같아서 웃음이 나오네
늘 사람이 고프고 보이는 건
가느다란 몸뚱이에 늘 흔들거리고 있는
갈대뿐이었으니 뻘땅이라고
아무도 찾아오지 않은 유배당한 삶이었어
오직 우릴 찾아오는 사람들은
비탈진 삶을 살아가는
배고픈 동네 아낙들뿐이었지
일 년에 두어 번 우리를 찾아주는
나그네 도요새가 없었다면
가끔 멀리서 웃어주는 쑥부쟁이가 없었다면
외로움 속에 살 길이 없었을 게야

하지만 그 배고픔과 외로움이 우릴 살린 게야
배고파도 이곳을 떠나지 않아 우리가 산 거야
보릿고개가 습지를 키운 게야
배고파서 우리 어디론가 팔려갔다면
잠시는 배불렀겠지만 평생
이 땅 잃어버린 죄를 지을 뻔했지
뻘 같은 놈이라고 비아냥거릴 때마다
가난한 아버지는 뻘이 우리의 자궁이라고
젖줄이라고 스스로를 지켜야 한다고
귀에 못을 박았어 때로는
이해할 수 없을 정도로 고집을 피우며
불끈 화를 내시던 아버지를
자식을 낳고서야 이해할 수 있게 되었어
잠시 배부르자고 습지를 떠났다면
이곳을 지키지 못했을 거야
오늘 저 유치원 꼬마 아이들이 선생님이지
저 어린 것들 속에 숨겨진 습지를
잃지 않고 잘 지켜내는 일이

우리가 함께 살 수 있는 길이야

해질녘 용산전망대에 올라보게나
S라인이 어디 여성의 몸에만 있다던가
인류의 자궁 저 습지가 펼쳐보인
아름다운 S라인을 만나 보게나
그 곁에서 나를 딛고
은빛으로 출렁이는 갈대밭에
부르면 언제든지 달려오는 안개와
안개보다 더 빨리 달려오는 바람과 함께
겨울철의 손님 흑두루미의 비행이 시작되는
이곳 순천만에 만월 하나 두둥실 떠오르는
장관을 한 폭 수채화로 담아가게나

| 발문 |

삶과 사랑에 대한 생애적 진술
- 김귀례 시인의 첫 시집 간행에 붙여

곽재구 시인

 시를 쓰는 이에게 가장 신비하고 아름다운 순간이 있다면 그것은 첫 시집을 펼쳐내는 순간일 것이다. 단 한 편 삶에 대한 순정하고도 우직한 시편들을 쓰는 것이 얼마나 힘들고 어려운 일인가를 아는 이에게 첫 시집을 낸다는 것은 사실 가슴 설레는 일 이전에 두려움에 관한 일일 수도 있을 것이다. 단 한 줄 단 한순간의 풍경을 최선의 두려움으로 대하는 시가 있다면 그 시를 믿을 수 있다고 할 수 있거니와 그런 시편들이 모이고 모여 한 권의 시집이 되는 모습을 지켜보는 것은 참으로 마음 따뜻한 일이 아닐 수 없다.

  김귀례 시인과 내가 처음 만난 시간도 24년이 흘렀다. 그를 처음 만난 곳은 광주가톨릭센터의 문예창작아카데미에서였다. 소설가 임철우가 소설을 맡고 내가 시를 맡아 강의하던 그 강좌에는 젊은 시절 문학에 뜻을 두었던 열정적인 이들이 많았는데 김귀례 시인 또한 그들 중 한 사람이었다. 그를 겪어본 이라면 이미 다 아는 일이지만 그의 성품은 우직함과 성실성으로 대변되는 것이었다. 시라는 것의 속성이 자유분방함과 고정관념에 대한 거부라고 일컬을 수 있을 때 그의 속성은 스승의 지표로서는 지극히 훌륭한 것이었을지언정 시 정신의 본질에 접근하기에는 어색함이 있었다. 언어들이 딱딱했으며 직설적인 진술들이 시정신의 분방함과 거리가 있어 보였다. 김귀례의 시는 바로 이 생래적인 우직함과 단순미에서 출발한다고 말할 수 있을 것이다.

    그분 나 속속들이 아시지만 말씀이 없으실 때
    그분 앞에 무릎 꿇고 감사하며 용서를 청하고 싶을 때
    겨울의 입구에서 일찍 떠난 영혼들 만나고 싶을 때
    다리가 되어주는 한 개비 성냥

한겨울 아궁이에 불을 지펴 마음 추운 영혼들
어머니의 품처럼 따뜻한 구들로 덥혀주었던
곰방대에 무수히 불을 당겨
마음 퍼런 가난한 가장의 눈물을 위로하던
동학년 곰나루 전봉준의 횃불에도
칼 같은 함성의 불을 밝혀주던
한 개비 성냥

- 시 「성냥」 부분

시 「성냥」은 그 무렵 시인이 발표한 시편들의 전형성을 띠고 있었는데 시를 읽어가는 동안 마음의 데임이 있었다. 그 무렵 나는 우직하고 단순한 성향을 지닌 이들이 시를 쓰는 것은 굉장히 힘든 일이라는 편협한 마음을 지니고 있었는데 대부분의 그런 성향을 지닌 이들이 스스로의 껍질을 깨고 새로운 이상향을 찾아내기란 거의 불가능하다고 생각한 때문이었다. 그때 김귀례 시인의 시들이 내게 깨우침을 주었다. 우직하지만 이 또한 시정신의 중요한 덕목이 될 수 있고 단순하고 정직한 비유들이 새로운 시의 가능성이 될 수 있다는 생각을 했다.

그때 김귀례 시인은 '빛부리'라는 동인 활동을 했는

데 모두 가톨릭센터에서 만난 일반 시민 동인들이었다. 이들만큼 서로 믿고 의지하고 사랑에 찬 인간들이 어울려 만든 공동체를 본 적이 내 기억에 없다. 24년에 걸쳐 매년 한 권씩의 동인지를 펴내는 동안 이들의 시적 진보와 인간으로서의 진보를 곁에서 지켜보는 것은 내게 큰 기쁨이었다. 10년의 세월이 지났을 적 나는 몇몇 '빛부리' 동인들에게 신춘문예에 응모할 것을 주문하기도 했고 시집을 펴낼 때도 되었다는 자극적인 격려를 하기도 하였으나 이들은 선생의 말을 묵묵부답으로 받아들여 말을 꺼낸 선생의 혀를 부끄럽게 만들기도 하였다. 세월이 흐르면서 나는 이들의 묵묵부답이 참으로 정직하고 소중한 것으로 생각하였는데 이들의 침묵에는 "아직은 아니에요"라는 의미와 "부끄러움"이라는 의미가 내재해 있었다. 빛부리 동인들의 이러한 정서는 내게 그 어떤 시적 진보보다 소중하게 여겨졌다.

23년 만의 수학 끝에 펼쳐낸 시집 『촛불』을 읽는 동안 가슴이 먹먹해짐을 느낀다. 김귀례 시인이 지닌 삶에 대한 경건성, 사랑의 인식들이 마음 안으로 따뜻이 밀려들어왔기 때문이다. 자신의 생명을 바쳐 세상의 빛이 되는 존재들의 향수는 언제나 우리들의 마음을 따스하게 밝히거니와 김귀례의 시편들은 이런 덕목에서 진지하고 우아한 생의 향기를 뿌린다.

> 세상의
> 모든 목숨을 살리면서도
> 아래로만 흐르면서
> 고운 빛깔과 향기조차 마다하다니
> 하이얀 색마저도 놓아버리고
> 그저 투명인 채로
>
> 모양 고집하지 않은 채
> 흐르는 마음에 따라
> 동해가 되었다가
> 섬진강이 되었다가
> 불일폭포도 되었다가
> 벼루 위의 먹물도 되었다가
>
> — 시「물」부분

> 몸 파는 여인처럼 더러워져야
> 네 몸 가는 곳 깨끗해진다
>
> 발 동동 구르며 손 내미는 곳에

네 몸 자꾸 빌려주어야

불안한 세상 줄일 수 있다

- 시 「지우개」 부분

뿌리 뽑혀 잘린 채 불가마에 던져져 죽음인 줄 알았더니 살과 피 므두 버리고 뼈만 남은 앙상한 숯으로 태어나 죽어서도 사는 법을 배웠구나

다시 스스로를 죽이는구나 네 낳아준 어미와 고향인 참나무 이제 찾아갈 수 없고 네 쭉쭉 곧은 본모습 찾을 수 없이 네 콜 검은 가루가 되어 그 모습 사라졌어도 검은 몸으로 검은 것을 씻어내는 이열치열의 비법을 익혔구나

- 시 「숯비누」 부분

자신의 생명을 바쳐 세상의 빛이 되는 존재들의 향수는 언제나 우리들의 마음을 따스하게 밝힌다. 세상의 모든 목숨을 살리는 '굴', 발 동동 구르며 손 내미는 곳을 찾아가는 '지우개', 죽어서도 사는 법을 보여주는 '숯이 된 참나무'의 모습은 김귀례 시인이 꿈꾸는 아름다운 세상에 대한 향수라 할 것이다.

시집 『촛불』에 이런 향수가 도처에 존재한다는 것은

이 시집을 읽는 큰 즐거움이라 할 것이다. 요즘 한국시단에서 쓰여지는 시들이 난해하고 재미없다는 것은 보편적인 사실이다. 한 권의 시집을 읽은 뒤 기억에 남는 시가 서너 편이 들어 있는 경우를 찾기 힘들다. 최근 십 년 동안 김경주와 진은영 박정대 김소연, 최근의 황학주의 시집들 정도가 기억에 남을 뿐이다. 한때 시의 시대라고 불릴 만큼 왕성했던 시창작의 기저들이 뿌리 뽑힐 지경이 되었는데 가장 큰 이유는 시인들의 창작열정이 대중들의 무관심을 깨뜨릴 만큼 강력한 에너지를 지니지 못한 탓일 것이다. 이는 시대를 꿰뚫지 못한 시정신의 부재와도 깊은 관련이 있다.

> 나의 눈물을 위로한다고
> 말하지 말라
> 나의 삶은 눈물 흘리는 데 있다
> 너희의 무릎을 꿇리는 데 있다
> 십자고상과 만다라 곁에
> 청순한 모습으로 서 있다고 좋아하지 말라
> 눈물 흘리지 않는 삶과 무릎 꿇지 못하는 삶을
> 오래 사는 삶이라고 부러워하지 말라
> 작아지지 않는 삶을 박수치지 말라

나는 커갈수록 작아져야 하고

나는 아름다워질수록 눈물이 많아야 하고

나는 높아질수록 완전히 사라져야 한다

— 시 「촛불」 전문

  시 「촛불」은 쉬 읽힌다. 너무 쉽게 읽히는 시는 좋은 시가 아닐 거라고 생각한 적이 우리 시의 역사에 있다. 김춘수의 무의미 시와 김수영의 난해시들의 영향을 받은 때문일 것이다.

  김춘수의 무의미시가 매력적인 근대정신의 산물이라는 점, 김수영의 난해시 속에 기존의 시 정신을 타파하는 자유와 저항의식이 들어 있음은 충분히 의미 있는 일이지만 이런 시편들이 시를 공부하는 이가 아닌 대중들에게 미친 호소력은 부분적이며 일시적인 경우라 할 것이다. 나는 수년 전 일간지에 연재한 시편들을 모아 한 권의 앤솔로지로 펴낸 적이 있거니와 이름이 쟁쟁한 시인들의 시편들 속에서 대중들이 가장 사랑한 시편들은 인용시 「촛불」이었다. 나의 눈물을 위로한다고/말하지 말라/나의 삶은 눈물 흘리는 데 있다//작아지지 않는 삶을 박수치지 말라/나는 커갈수록 작아져야 하고/나는 아름다워질 수록 눈물이 많아야 하고… 지극히 평

범하지만 소중한 삶의 이치다. 몇 줄의 시가 그 응축된 힘으로 시를 읽는 이에게 삶의 한 순간순간들을 깨우쳐 준다면 그것만큼 진실한 의미가 있을 수 있을 것인가? '그가 나의 이름을 불러 주었을 때/그에게로 가서 꽃이 되었다'는 김춘수의 인식론이 여기 들어 있는 셈이고 '바람보다 먼저 눕고/바람보다 먼저 일어나는' 풀의 시 정신이 함께하는 셈일 것이다.

> 밤마다 석공이 된다
> 차갑게 쌓아올린 탑신
> 하나씩 다시 무너뜨리느라
> 탑을 쌓듯 손바닥에 조심조심
> 쑥뜸을 하며 온기를 쌓는다
> 쌓아올린 세월만큼
> 무너뜨리는 시간이 필요하다는 걸
> 쌓는 것과 무너뜨리는 것이 하나라는 걸
> 보이지 않는 혈자리에 올려놓은
> 작은 수지뜸 한 개에도
> 우주를 데워내는 힘이 있다는 걸
> 온기를 피워내기 위해서는
> 물집과 연기와 쑥진도

피해갈 수 없다는 걸
그래야 다시는 무너뜨릴 필요가 없는
따뜻한 탑신을 쌓을 수 있다는 걸

밤마다 석등이 된다

— 시 「쑥뜸」 전문

　시집 『촛불』 속에서 비슷한 반향을 불러일으키는 시편들을 만나기란 어렵지 않은 일이다. 중장년층에서 쑥뜸을 경험한 이는 적지 않을 것이다. 혈자리에 올린 작은 수지뜸 하나를 보며 시인은, "쌓아올린 시간만큼/무너뜨리는 시간이 필요하다는 걸/" 설파한다. 쌓는 것과 무너뜨리는 것이 같은 의미라는 것을 석공의 돌쌓기를 통해 보여준다. 쌓기와 허물기가 본질적으로 하나이며 이 과정 속에 우주를 데워내는 힘이 있다고 진술한다. 그 어떤 화사한 이미지보다 뚜렷한 시정신의 인식이라 할 수 있을 것이다. 이러한 세계인식은 김귀례가 33년간의 교단생활을 하였다는 사실과 무관하지 않을 것이다.

　낙엽을 밟아보니 알겠습니다
　사각사각 밟히는 것이

슬픔만이 아님을 알겠습니다
어깨 앙상하게 드러낸 채
당신의 지체들을 떠나보내는 일이
아픔만이 아니라
유월 청록의 숲보다
더 푸르른 일일지도 모르겠습니다
용기 있게 물러서서 바닥에 내려앉은 후
언저리처럼 밟히고 썩어가는 일이
단풍으로 살아가는 것보다
더 아름다운 일일지도 모르겠습니다

— 시 「낙엽」 부분

흙과 열애 중이구나
땅과 입맞춤하고 있구나
사지 활짝 벌린 채 부끄러워도
감추는 것 없이 드러내놓는
사랑법은 믿음이구나

— 시 「쇠비름 사랑」 부분

다시 어디론가 실려갔어
나처럼 새까만 칡뿌리인생을 만났어

다시 놀랐어 이 눈부신 땅에서 또 다른 나를 만났어
그가 차차 말라가더니 가루가 되는 것을 보았어
내 몸도 으깨지기 시작했어
우리는 몸을 섞어야 했어
다시 무서움과 두려움의 시작이었어
뜨거운 기름 속에 우리의 과거는 지워졌어
국적을 바꾸어야 했어 언제부턴가
두려움이 두근거림이 되기 시작했어
그리움이 시작되었어
둘이 하나 되는 새로운 이름을 갖게 되었어

— 시 「어묵」 부분

  인용한 시편들 속에 드러나는 화자의 목소리는 가르치는 자의 그것이다. 그가 사랑하는 존재들은 '낙엽'과 '쇠비름', '어묵'과 같은 것들이다. 목숨이 다했거나 삶의 맨바닥에서 헤매는 존재들인 것이다. 외롭고 쓸쓸한 자, 생명이 다하는 자, 이름이 없는 자를 불러 일으켜 이름을 주고 새로운 성명을 부여하는 것은 모든 창작자의 의무이며 운명이다. 그가 가르치는 자이면서 시 쓰는 자라는 생각을 한다면 그가 일관된 방식으로 풍경과 삶을 해부하고 결합하는 과정을 진부하다고 폄하할 수는 없을 것이다. 그 어떤 예술정신보다 그 어떤 시 정신보다 가치 있는 미적 인식이 있다면 그것은 삶을 더없이 소중하고 순결하게 바라보는 마음일 것이다. 삶이 있는 다음에 시도 예술도 미학도 있을 것 아니겠는가. 이러한 모습은 시 「눈높이 수업」, 「세종대왕님 안녕하세요」, 「최동주」와 같은 시편들에서도 잘 드러난다.

    아파트 빈터에서 따오신 봉숭아에
    백분을 넣어 찧어 놓고
    딸의 퇴근을 기다리신 어머니

    늦은 밤 딸의 손톱 위에
    조심조심 눌릴세라
    처매 주신 곱디 고운
    열 개의 봉분

    봉숭아
    해마다 가을이면
    어머니의 가슴에
    풍경 소리로 찾아오는
    외롭고 쓸쓸하고 아름다운

어머니의 일흔셋 추억인 것을

열일곱
봄햇살로 나부끼던
수줍고 빠알간 어머니의 꿈인 것을

— 시 「어머니3」 전문

어머니에 대한 지극한 사랑의 마음은 시집 『촛불』이 지닌 중요한 흔들림일 것이다. 나는 세상에서 제일 아름다운 풍경은 어머니가 어린 아이를 무릎 위에 앉히고 책을 읽어주는 모습이라 생각했거니와 다 큰 딸의 퇴근 시간을 맞춰 기다려 손톱에 봉숭아물을 들여주는 일흔셋 어머니의 모습은 책 읽어주는 어머니의 모습보다 더 따스하다. 딸은 손톱 위에 어머니가 묶어준 봉숭아꽃잎을 봉분이라 인식한다. 어머니가 세상을 떠날 것을 염려하고 그리워하는 마음이 스며 있다. 빛깔 고운 봉숭아꽃잎과 봉분이 연결될 수 있는 것, 여기에 시가 지닌 한 아름다움이 들어있는 것이다.

노오란 스웨터 입었더니 벌들이 모여들어 윙윙거린다 겉만 노오란 스웨터에 꽃인 양 달려들어도 꽃을 줄 수 없는데 해질녘까지 벌들이 떠나지 않는다 세상을 향해 잉태하지 못하고 석녀처럼 살아온 마음에 벌들이 매질을 한다 하루 종일 빈집의 바람처럼 쓸쓸하다

 꽃당혜에 예쁜 꽃술 달아 신기고 싶은 어미 마음 모른 채 가난한 아침 밥상에서 운동화 사 달라고 징징 떼쓰던 철없는 아이처럼 보채며 노오란 스웨터를 떠나지 않는 벌들이 마음에 습지 한 평 키우지 못한 시월의 나를 촛불 앞에 무릎 꿇게 한다
― 시 「노오란 스웨터」 전문

그대 언제 오시는지 몰라
앉지 못하고 서 있습니다

그대 오시는 길
햇살 곱게 펴 드리고 싶어
길 떠나지 못합니다

무심히 지나치는 그대 뒤돌아서서
고운 눈길 한번 보내 주었으면

바쁜 그대 쉬어가며
따뜻한 말 한마디 건네 주었으면

그래도 그대 바쁘시면
오시기만 하시어요
웃어만 주시어요

그대 떠나고 아니 오셔도
언제나 그 자리에 서 있겠어요

- 시 「이정표」 전문

어머니에 대한 사랑의 마음은 인용한 두 편의 시 「노오란 스웨터」와 「이정표」에도 고스란히 드러난다. 노란 스웨터를 입은 화자에게 벌들이 꽃인 양 달려든다. 시인은 그 벌들을 보며 힘들었던 어머니에게 무관심했던 시간들을 떠올리고 마음 안에 촉촉한 습지 한 평 건사하지 못한 현실의 시간들을 아파한다. 어찌 노란 스웨터뿐이겠는가? 고운 것, 귀한 것, 사랑스러운 것들을 보면 시인의 마음은 곧장 어머니와 함께했던 시절로 돌아가는 것을.

"그대 오시는 길/햇살 곱게 펴드리고 싶어/길 떠나지

못합니다//그대 떠나고 아니 오셔도/언제나 그 자리에 서 있겠어요." 이런 이정표를 마음 안에 새기고 있는 이는 행복할 것이다. 그대가 언제 올지 몰라 서 있는 이정표의 모습 속에서 지난날 우리 모두의 어머니의 모습을 떠올린다. 돌이나 나무 조각에 새겨진 이정표 하나. 그곳에 따스한 눈물과 그리움의 손길을 새겼으니 이 시의 아름다움을 어찌할꼬? 시 「딸에게」는 지상의 모든 어머니가 딸에게 주는 마음의 헌사라 할 것이다.

유월의 느티나무 아래서 너를 생각한다 해마다 유월이면 초록의 환희를 배달하는 느티나무처럼 너희들 생의 새벽에도 한낮에도 그늘이 필요한 사람들에게 환희가 되고 감동이 되었으면 해

미생물에게 세포를 거의 빼앗긴 채 썩고 부러진 채로 오염된 항구를 떠돌아다니던 나무가 세상에서 가장 아름다운 소리를 내는 바이올린이 될 수 있었듯이 너희들 삶의 마디마디에 때로는 눈비가 되어 내릴 고통들도 바이올린처럼 승화시켜 끝내는 고통까지도 경배할 수 있는 날들이었으면 해

— 시 「딸에게」 부분

삶이, 시가 아름답다고 믿을 수 있는 이유가 있다면 그것은 세상에 어머니와 딸이 존재하기 때문일 것이다. 모든 딸은 자라 어머니가 되고 그 어머니는 다시 새로운 딸들을 잉태하고 삶의 노래를, 노래의 씨앗을 이승에 뿌린다. 온 세상에 초록의 환희를 배달하는 느티나무가 되었다가 지고한 사랑의 음을 내는 바이올린이 되는 삶의 신비를 어머니와 딸은 가슴 안에 따뜻한 헤나처럼 새기는 것이다

24년 동안 쓴 시를 한 권의 시집으로 펼쳐내는 시인이 있다. 다섯 권이나 열 권 시집을 낸 시인의 시보다 따스하고 자랑스럽다. 이런 우직하고 순정한 사람들이 모여 사는 세상이 있다면 그것이 바로 시가 꿈꾸는 세상일 것이다.

정직하고 순결하고 아름다웠을 그의 교단생활 33년에도 경의를 표한다.

김귀례

시인 김귀례는 전남 광주에서 태어나 조선대학교를 졸업했다. 〈빛부리 시동인〉으로서, 제 20집까지 출간한 『만삭의 저녁』, 『구름을 조각하는 시간』 등 빛부리 동인지에 시를 발표하며 지역 문단에서 활동 중이다. 현재 전남 순천향림중학교 교사로 재직 중이다.

e-mail | kuirye@hanmail.net

촛불

초판1쇄 찍은 날 | 2015년 1월 28일
초판1쇄 펴낸 날 | 2015년 2월 6일

지은이 | 김귀례
펴낸이 | 송광룡
펴낸곳 | 문학들
등록 | 2005년 8월 24일 제2005 1-2호
주소 | 501-841 광주광역시 동구 천변우로 487(학동) 2층
전화 | 062-651-6968
팩스 | 062-651-9690
전자우편 | munhakdle@hanmail.net

ⓒ 김귀례 2015
ISBN 978-89-92680-93-6 03810

· 잘못된 책은 바꿔드립니다.
· 이 책 내용의 전부 또는 일부를 재사용하려면
  반드시 저작권자와 문학들의 동의를 받아야 합니다.
· 책값은 뒤표지에 표시되어 있습니다.